I0242733

OEUVRES COMPLÈTES

DE

SIR WALTER SCOTT.

Traduction Nouvelle.

PARIS,

CHARLES GOSSELIN et A. SAUTELET ET Cᵒ

LIBRAIRES-ÉDITEURS.

M DCCC XXVIII.

H. FOURNIER IMPRIMEUR.

ŒUVRES COMPLÈTES

DE

SIR WALTER SCOTT.

TOME QUARANTE-CINQUIÈME.

IMPRIMERIE DE H. FOURNIER,
RUE DE SEINE, N° 14.

LE PIRATE.

—

« Tout en lui de la mer annonce les ravages. »
SHAKSPEARE. *La Tempête.*

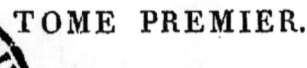

TOME PREMIER.

—

(The Pirate.)

AVERTISSEMENT.

Le but de l'histoire suivante est de faire connaître d'une manière exacte certains événemens remarquables qui eurent lieu dans les îles Orcades, et dont des traditions imparfaites et des relations tronquées n'ont conservé que les particularités peu fidèles que je vais transcrire :

— En janvier 1724 — 1725, un bâtiment nommé *the Revenge* (1), armé de trente gros canons et de six d'un moindre calibre, commandé par John Gow ou Goff, ou Smith, aborda dans les îles Orcades ; les déprédations et les actes d'insolence que se permit l'équipage le firent reconnaître bientôt pour un pirate. Les habitans de ces îles éloignées, n'ayant ni armes ni moyens de résistance, se soumirent quelque temps à leurs oppresseurs, et le capitaine de ces bandits fut assez audacieux, non-seulement pour se rendre à terre, mais pour donner des bals dans le village de Stromness : il réussit même à gagner le cœur d'une jeune personne qui possédait quelque fortune, et il en reçut la promesse de sa foi avant qu'on eût découvert qui il était.

(1) La Vengeance ou la Revanche. — Éd.

Un bon citoyen, James Fea, jeune homme de Clestron, forma le projet de s'emparer du flibustier, et il y réussit en employant alternativement le courage et l'adresse. Une circonstance qui l'y aida beaucoup fut que le bâtiment de Gow échoua près du havre de Calfsound, dans l'île d'Éda, à peu de distance d'une maison où M. Fea demeurait alors. Celui-ci inventa différens stratagèmes, et les exécuta au risque de sa vie, pour faire prisonniers tous les pirates, qui étaient des hommes déterminés et bien armés. Il fut puissamment aidé dans cette entreprise par M. James Laing, aïeul de feu Malcolm Laing, auteur ingénieux de l'*Histoire d'Écosse pendant le dix-septième siècle* (1).

Gow et d'autres hommes de son équipage reçurent, en vertu d'une sentence rendue par la haute cour de l'amirauté, la punition que leurs crimes avaient méritée depuis long-temps. Gow montra une audace sans exemple quand il comparut devant cette cour, et, d'après ce que rapporte un témoin oculaire, il paraît qu'on le traita avec une sévérité extraordinaire pour le forcer à répondre. Voici les termes du récit auquel j'emprunte ces détails : — « John Gow ne voulant pas répondre,
« on le fit amener à la barre, et le juge ordonna que
« deux hommes lui serreraient les pouces avec une
« ficelle jusqu'à ce qu'elle se rompît ; qu'on la double-
« rait ensuite pour les lui serrer de nouveau, jusqu'à ce
« que la double corde se rompît encore ; enfin qu'on en
« prendrait trois, que les exécuteurs serreraient de
« toutes leurs forces. Gow souffrit cette torture avec
« la plus grande fermeté. » — Le lendemain matin

(1) 4 vol. in-8º.

AVERTISSEMENT.

(27 mai 1725), quand il eut vu les préparatifs qu'on faisait pour sa mort, son courage l'abandonna, et il dit au maréchal de la cour qu'il n'aurait pas donné tant d'embarras si on lui avait garanti qu'il ne serait pas pendu avec des chaînes. Il fut jugé, condamné et exécuté avec d'autres hommes de son équipage.

On dit que la jeune personne dont Gow avait gagné la tendresse se rendit à Londres pour le voir avant sa mort, et qu'étant arrivée trop tard, elle eut le courage de demander à voir son cadavre, lui toucha la main, et reprit ainsi la foi qu'elle lui avait donnée. Si elle n'avait pas accompli cette cérémonie, elle n'aurait pu, d'après les idées superstitieuses de son pays, éviter de recevoir la visite de l'esprit de son amant défunt, dans le cas où elle aurait donné à quelque amant vivant la foi qu'elle avait promise au mort. Cette partie de la légende peut servir de commentaire sur le conte de la charmante ballade écossaise qui commence ainsi :

<pre>
A la porte de Marguerite,
Un esprit vint pendant la nuit, etc.
</pre>

La relation de cet événement ajoute que M. Fea, cet homme plein de courage, grace aux efforts duquel Gow avait été arrêté dans sa carrière de crimes, bien loin d'en être récompensé par le gouvernement, n'en put même obtenir aucune protection dans une multitude de procès injustes qu'intentèrent contre lui les avocats de Newgate, agissant au nom de Gow et des autres pirates. Ces poursuites vexatoires, prix de son courage, et les dépenses qu'elles lui occasionèrent, le ruinèrent ainsi que sa famille, et firent de lui un exemple mémorable pour tous ceux qui, à l'avenir, voudront se mêler d'arrêter des pirates de leur autorité privée.

On doit supposer, pour l'honneur du gouvernement de Georges Ier, que cette dernière circonstance, de même que les dates et les autres détails prétendus de cette histoire, sont inexacts, puisqu'on verra qu'ils ne peuvent se concilier avec la narration véridique qu'on va lire, et qui a été rédigée sur des matériaux qui n'ont été accessibles qu'à

L'AUTEUR DE WAVERLEY.

Ce 1er novembre 1821.

LE PIRATE.

(The Pirate.)

CHAPITRE PREMIER.

> « La tempête a cessé : déjà sur le rivage
> » Les flots en se brisant n'inspirent plus d'effroi.
> » Mais quelle voix, Thulé, s'écrie : — Est-ce pour toi
> » Que j'ai brûlé ma harpe en ce climat sauvage ? »
>
> MACNIEL.

Cette île longue, étroite, irrégulière, vulgairement appelée *Main-Land*, c'est-à-dire le continent des îles Shetland, parce qu'elle est la plus grande de cet archipel, se termine par un rocher d'une hauteur effrayante, comme le savent fort bien les marins habitués à naviguer dans les mers orageuses dont est entouré le Thulé des anciens. Ce rocher, nommé le cap de Sumburgh, oppose sa tête nue et ses flancs stériles aux efforts d'un courant terrible, et forme l'extrémité de l'île du côté du sud-est. Ce promontoire élevé est constamment exposé aux lames d'une marée furieuse qui, partant d'entre les Orcades et les îles Shetland, et roulant avec une force qui ne le cède qu'à celle du frith (1) de Pentland, tire son nom du cap dont nous venons de parler, et s'appelle le roost de Sumburgh; *roost* étant le mot par lequel on désigne dans ces îles les courans de cette espèce.

Du côté de la terre, ce promontoire est couvert d'un très-court gazon, et descend rapidement jusqu'à un petit isthme sur lequel la mer a empiété par des criques, qui, s'avançant de chaque côté, semblent tendre progressivement à opérer une jonction, et à faire une île de ce cap, qui deviendra alors un rocher solitaire, entièrement séparé du continent, dont il forme aujourd'hui l'extrémité.

On regardait pourtant, dans les anciens temps, cet événement comme invraisemblable ou fort éloigné; car jadis un chef norwégien, ou, suivant d'autres traditions, et comme le nom d'Iarlshof (2) semble l'indiquer, un ancien comte des Orcades avait choisi cette langue de terre pour y construire son château. Il est abandonné depuis long-temps, et ce n'est qu'avec difficulté qu'on peut en distinguer quelques vestiges; car les sables mouvans, enlevés par les ouragans de ces pa-

---

(1) Bras de mer; se dit aussi d'une embouchure de fleuve. — Éd.

(2) Iarlshof, *baie du comte*. — Éd.

rages féconds en tempêtes, ont couvert et presque enterré les ruines des bâtimens : mais à la fin du dix-septième siècle il existait une partie du château du comte encore habitable. C'était un édifice d'une architecture grossière, construit en moellons, et n'offrant rien qui pût satisfaire l'œil ou exalter l'imagination. Un large et antique manoir, avec un toit escarpé couvert en dalles de grès, serait peut-être ce qui en donnerait l'idée la plus juste à un lecteur de nos jours. Les croisées, peu nombreuses et basses, étaient distribuées sans le moindre égard pour les lois de la régularité. De moindres bâtimens, dépendances du château, et contenant les offices ou appartemens destinés à la suite du comte, avaient été autrefois contigus au corps-de-logis principal ; mais ils étaient tombés en ruines : on s'était servi des solives pour faire du feu ou pour d'autres usages; les murs s'étaient écroulés en bien des endroits, et, pour compléter la dévastation, le sable, pénétrant déjà dans ce qui servait jadis d'appartemens, y formait une couche de deux ou trois pieds d'épaisseur.

Au milieu de cette scène de désolation, les habitans d'Iarlshof avaient réussi, par un travail soutenu, à conserver en bon état quelques verges de terre qu'ils avaient entourées d'une clôture pour en former un jardin ; et comme les murailles du château protégeaient ce terrain contre le souffle redoutable des vents de mer, on y voyait croître les végétaux que le climat était susceptible de produire, ou, pour mieux dire, ceux dont les vents permettaient la végétation ; car on éprouve dans ces îles un froid moins rigoureux qu'en Écosse; mais sans l'abri d'un mur, il est presque impossible d'obtenir de la terre les légumes les plus communs; et quant aux arbres, et même aux arbustes, on n'y pense pas, tant est terrible le passage des ouragans.

A peu de distance du château, et près du bord de la mer, précisément à l'endroit où la crique forme une espèce de port imparfait, dans lequel on voyait trois ou quatre barques de pêcheurs, s'élevaient quelques misérables chaumières, demeure des habitans du hameau d'Iarlshof, qui tenaient à loyer du seigneur la totalité de ce canton aux conditions ordinaires, conditions assez dures, comme on peut bien le penser. Ce seigneur résidait lui-même sur un domaine qu'il possédait dans une situation plus favorable, dans un autre canton de cette île, et il ne visitait que rarement ses possessions de Sumburgh. C'était un bon Shetlandais, simple, honnête, un peu emporté, résultat nécessaire de la vie qu'il menait au milieu des gens qui dépendaient de lui, et aimant un peu trop les plaisirs de la table, ce qu'il faut peut-être attribuer à ce qu'il avait trop de loisir; mais il était plein de franchise, bon et généreux pour ses gens, et remplissant tous les devoirs de l'hospitalité envers les étrangers. Il descendait d'une ancienne et noble famille de Norwège, circonstance qui le rendait plus cher aux classes inférieures, parmi lesquelles presque tous les individus ont la même origine, tandis que les lairds ou propriétaires sont en général de race écossaise; et à cette époque on les considérait encore comme des étrangers et des intrus. Magnus Troil, qui faisait remonter sa généalogie jusqu'au comte fondateur supposé d'Iarlshof, était surtout de cette opinion.

Ceux qui habitaient alors le hameau d'Iarlshof avaient éprouvé, en diverses occasions, la bienfaisance du propriétaire de leur territoire. Quand M. Mertoun, tel était le nom de l'homme qui occupait alors la vieille maison, était arrivé dans les îles Shetland, quelques années avant l'époque où commence notre histoire, il avait reçu chez Magnus Troil cette hospitalité sincère et cordiale qui fait le caractère distinctif de cette contrée. Personne ne lui demanda d'où il venait, où il allait, dans quel dessein il arrivait dans un coin si éloigné de l'empire britannique, ou combien de temps il avait dessein d'y rester. Il était complètement étranger à tout le monde, et cependant il fut accablé à l'instant d'une foule d'invitations. Il trouvait un domicile dans chaque maison où il allait faire une visite, pouvait y rester aussi long-temps que bon lui semblait, et y vivait comme s'il eût fait partie de la famille, sans qu'on exigeât de lui aucune attention, et sans devenir lui-même l'objet de celle des autres, jusqu'à ce qu'il jugeât à propos de s'en aller ailleurs. Cette indifférence apparente de ces bons insulaires pour le rang, le caractère et les qualités de leur hôte, ne prenait pas sa source dans l'apathie, car ils avaient leur bonne part de la curiosité naturelle à l'homme; mais leur délicatesse aurait cru manquer aux lois de l'hospitalité, en lui faisant des questions auxquelles il aurait pu lui être difficile ou désagréable de répondre; et au lieu de chercher, comme c'est l'usage dans d'autres pays, à arracher de M. Mertoun des confidences qu'il eût faites avec peine, les circonspects Shetlandais se contentaient de recueillir avec empressement le peu de renseignemens que pouvait leur fournir le cours de la conversation.

Mais un rocher du désert de l'Arabie n'a pas plus de répugnance à fournir de l'eau, que M. Basile Mertoun n'en avait à accorder sa confiance, même pour des objets presque indifférens ; et le beau monde de Thulé ne vit jamais sa politesse mise à une plus rude épreuve, que lorsqu'on s'y rappelait que le savoir-vivre lui défendait de faire des questions sur un personnage si mystérieux.

Tout ce qu'on savait alors de lui pouvait se résumer en peu de mots. M. Mertoun était arrivé à Lerwick, qui commençait à prendre quelque importance, mais qui n'était pas encore reconnue comme la principale ville de l'île, sur un bâtiment hollandais, accompagné seulement de son fils, beau garçon d'environ quatorze ans. Il pouvait lui-même avoir quarante et quelques années. Le maitre du navire le présenta à quelques-uns de ses bons amis, avec lesquels il avait coutume de troquer du genièvre et du pain d'épice contre les petits bœufs des îles Shetland, des oies enfumées et des bas de laine d'agneau ; et quoique *Meinheer* ne pût rien dire de lui, si ce n'est : — Meinheer Mertoun a payé son passage comme un gentilhomme, et a donné un dollar pour boire à l'équipage, — cette recommandation suffit pour procurer au passager du Hollandais un cercle respectable de connaissances, et ce cercle s'étendit à mesure qu'on reconnut à l'étranger des talens et des connaissances peu ordinaires.

Cette découverte se fit en quelque sorte par force, car Mertoun n'était guère plus disposé à parler de lieux communs que de ses propres affaires. Mais il se trouvait quelquefois entraîné dans des discussions qui faisaient reconnaître en lui, presque en dépit de lui-même, le savant et l'homme du monde. D'autres fois, comme en retour de l'hospitalité qu'il recevait, il semblait faire un effort sur lui-même pour entrer en conversation avec ceux qui l'entouraient, surtout quand cette conversation était d'un genre grave, mélancolique et satirique, ce qui convenait le mieux à la tournure de son esprit. Dans toutes ces occasions, l'opinion universelle des Shetlandais était qu'il devait avoir reçu une excellente éducation, mais bien négligée sur ce point bien important, car M. Mertoun savait à peine distinguer la proue d'un vaisseau de sa poupe, et une vache n'aurait pu être plus ignorante dans tout ce qui concernait la conduite d'une barque. On avait peine à concevoir qu'une ignorance si grossière de l'art le plus nécessaire à la vie (du moins dans les îles de Shetland) pût s'allier avec les connaissances qu'il montrait sous tant d'autres rapports. Tel était pourtant le fait.

A moins qu'on ne parvînt à le faire sortir de son caractère de la manière que nous venons de dire, M. Basile Mertoun était sombre et concentré en lui-même. Une grosse gaieté le mettait en fuite à l'instant, et l'enjouement modéré d'une société d'amis produisait invariablement sur son front un abattement plus profond que celui qu'on y remarquait habituellement.

Les femmes aiment toujours à pénétrer les mystères et à soulager la mélancolie, surtout quand il est question d'un homme bien fait, et qui n'a point encore passé le bel âge de la vie ; il est donc possible que parmi le filles de Thulé, aux cheveux blonds et aux yeux bleus, cet étranger pensif en eût trouvé quelqu'une qui se fût chargée du soin de le consoler, s'il eût montré quelque disposition à recevoir ce charitable service ; mais, bien loin d'agir ainsi, il semblait même fuir la présence de ce sexe auquel nous recourons dans toutes nos afflictions de corps et d'esprit pour en obtenir pitié et consolation.

A ces singularités, M. Mertoun en joignait une autre particulièrement désagréable à son hôte et à son principal patron, Magnus Troil. Ce magnat des îles Shetland, qui, comme nous l'avons déjà dit, descendait, du côté de son père, d'une ancienne famille norwégienne par le mariage d'un de ses ancêtres avec une dame danoise, était profondément convaincu qu'un verre de genièvre ou d'eau-de-vie était une panacée infaillible contre tous les soucis et toutes les afflictions du monde. C'était un spécifique auquel M. Mertoun n'avait jamais recours ; il ne buvait que de l'eau, de l'eau pure, et nulles prières ne pouvaient le déterminer à goûter une autre boisson que celle d'une fontaine limpide. Or c'était ce que Magnus Troil ne pouvait tolérer, c'était outrager les anciennes lois conviviales du Nord, qu'il avait, quant à lui, toujours observées si rigoureusement, que, quoiqu'il eût coutume d'affirmer que jamais il ne s'était couché une seule fois ivre, ce qui n'était vrai que dans le sens qu'il attachait à ce mot, il lui aurait été impossible de prouver qu'il se fût jamais mis au lit avec le libre et plein exercice de sa raison. On peut donc demander en quoi la société de cet étranger pouvait dédommager Magnus du déplaisir que lui causait son habitude de sobriété. D'abord il avait cet air d'importance qui indique un homme de quelque considération ; et quoiqu'on conjecturât qu'il n'était pas riche, ses dépenses prouvaient d'une manière certaine qu'on ne pouvait le regarder comme pauvre. Il avait d'ailleurs quelque talent de conversation, quand il daignait en faire usage, comme nous l'avons déjà donné à entendre; et sa misanthropie, ou aversion pour les affaires et les relations sociales, s'exprimait souvent de manière à passer pour de l'esprit, dans un endroit où l'esprit était rare. Par-dessus tout, l'esprit secret de M. Mertoun semblait impénétrable, et sa présence avait tout l'intérêt d'une énigme, qu'on aime à lire et à relire précisément parce qu'on ne peut en deviner le mot.

Malgré toutes ces recommandations, Mertoun différait de son hôte en des points si essentiels, qu'après qu'il eut passé chez lui un certain temps, Magnus Troil fut agréablement surpris quand un soir, après être restés ensemble deux heures dans un silence absolu, à boire de l'eau-de-vie et de l'eau, c'est-à-dire Magnus l'alcohol, et Mertoun le liquide élément, Mertoun demanda à son hôte la permission d'occuper, comme son locataire, sa maison abandonnée d'Iarlshof, à l'extrémité du territoire nommé Dunrossness, et située au bas du promontoire de Sumburgh.

— Je vais en être débarrassé de la manière la plus honnête, pensa Magnus, et son visage de rabat-joie n'arrêtera plus la bouteille dans sa ronde. Son départ va pourtant me ruiner en citrons, car un seul de ses regards suffisait pour donner de l'acidité à un océan de punch.

Cependant le généreux et bon Shetlandais fit avec désintéressement des représentations à M. Mertoun sur la solitude à laquelle il allait se condamner, et sur les inconvéniens auxquels il devait s'attendre. — A peine se trouve-t-il dans cette vieille maison, lui dit-il, les meubles les plus indispensables; il n'y a pas de société à plusieurs milles à la ronde; vous ne trouverez d'autres provisions que des sillocks salés (1), et vous n'aurez pour toute compagnie que des mouettes et d'autres oiseaux de mer.

— Mon bon ami, répondit Mertoun, si vous aviez voulu me faire préférer ce séjour à tout autre, vous n'auriez pu mieux vous y prendre qu'en m'assurant que j'y serai loin de la société des hommes, et que le luxe ne pourra y pénétrer. Un réduit où ma tête et celle de mon fils puissent être à l'abri de l'intempérie des saisons, c'est tout ce que je désire. Fixez la redevance que j'aurai à vous payer, M. Troil, et permettez que je sois votre locataire à Iarlshof

— La redevance! répondit le Shetlandais; ma foi, elle ne peut pas être bien considérable pour une vieille maison que personne n'a habitée depuis la mort de ma mère, mais que Dieu lui fasse paix. Quant à un abri, les vieux murs sont assez épais, et peuvent encore soutenir plus d'un coup de vent. Mais, au nom du ciel, M. Mertoun, réfléchissez à ce que vous allez faire. Un homme né parmi nous qui voudrait aller s'établir à Iarlshof formerait un projet extravagant, à plus forte raison vous qui êtes natif d'un autre pays, que ce soit d'Angleterre, d'Écosse ou d'Irlande, c'est ce que personne ne peut dire...

— Et ce qui n'importe guère, répliqua Mertoun d'un ton brusque.

— Je ne m'en inquiète pas plus que de la nageoire d'un hareng, répondit le laird; seulement, je vous veux du bien de n'être pas Écossais, car j'espère que

(1) Petit poisson fort abondant dans ces parages. — Éd.

vous ne l'êtes pas. Ces Écossais! ils sont arrivés ici comme une volée d'oies sauvages, ils y ont amené leurs petits, et s'y sont mis à couvert : qu'on leur propose aujourd'hui de retourner sur leurs montagnes stériles ou dans leurs basses terres, après qu'ils ont goûté du bœuf du Shetland et des poissons de nos *voes* (1)! Non, monsieur — (ici Magnus prit un ton plus animé, avalant de temps en temps un petit coup d'eau-de-vie, ce qui enflammait son ressentiment contre les intrus, et lui donnait en même temps la force d'endurer les réflexions mortifiantes qui se présentaient à son esprit): — Non, monsieur, nous ne reverrons plus les anciens temps de ces îles; leurs mœurs primitives n'existent plus. Que sont devenus nos anciens propriétaires, nos Patersons, nos Feas, nos Schlagbrenners, nos Ybiorbiorns? Ils ont fait place aux Giffords, aux Scotts, aux Mouats, gens dont le nom suffit pour prouver qu'eux et leurs ancêtres, ils sont étrangers au sol que les Troils ont habité avant les jours de Turf-Einar (2) qui le premier apprit en ces lieux à brûler de la tourbe, et qu'un nom rappelant sa découverte signale à la postérité reconnaissante.

C'était un sujet de conversation sur lequel le potentat d'Iarlshof était assez diffus, et Mertoun le lui vit entamer avec plaisir, parce qu'il savait qu'il ne serait pas obligé de contribuer à entretenir la conversation, et que par conséquent il pourrait se livrer à son humeur sombre, tandis que le Shetlandais-Norwégien déclamerait contre les changemens survenus dans les mœurs et

(1) *Voes*, lacs d'eau salée. — Éd.

(2) Turf-Einar, nom propre : *Einar de la Tourbe*. — Éd.

dans les habitans. Mais à l'instant où Magnus arrivait à la fâcheuse conclusion que dans un siècle il existerait à peine un *merk* et même une *ure* (1) de terre entre les mains des habitans norses et de vrais *udallers* (2) des îles Shetland, il se rappela quelle était la proposition de son hôte, et s'arrêta tout à coup.

— Je ne dis pas tout cela, ajouta-t-il en s'interrompant, pour vous donner à entendre que je ne me soucie pas que vous vous établissiez sur mon domaine; mais quant à Iarlshof, c'est un endroit bien sauvage. N'importe d'où vous veniez, je garantis que vous direz, comme les autres voyageurs, que vous venez d'un climat meilleur que le nôtre, car c'est ainsi que vous parlez tous. Et cependant vous voulez vous retirer dans un lieu évité par les naturels même du pays! Ne prendrez-vous pas votre verre? (Ces mots du bon udaller doivent être considérés comme un *soit dit en passant.*) — Je vide le mien à votre santé.

— Mon cher monsieur, répondit Mertoun, tous les climats me sont indifférens, et pourvu que je trouve assez d'air pour le jeu de mes poumons, je m'inquiète fort peu qu'il vienne de l'Arabie ou de la Laponie.

— Oh! pour de l'air, vous en aurez assez, répliqua Magnus, vous n'en manquerez pas. Il est un peu humide, disent les étrangers; mais nous connaissons un correctif à cet inconvénient. Je bois à votre santé, M. Mertoun; il faut que vous appreniez à en faire au-

(1) *Merk*, *ure*, mesures de terre. — Éd.

(2) Les udallers sont des propriétaires *allodiaux* des îles Shetland, qui possèdent leurs domaines en vertu des anciennes lois norwégiennes, et non d'après les lois féodales que les Écossais ont introduites parmi eux. — Éd.

tant, et à fumer une pipe; et alors, comme vous le dites, vous ne trouverez aucune différence entre l'air des îles Shetland et celui de l'Arabie. Mais connaissez-vous Iarlshof?

L'étranger répondit négativement.

— En ce cas, vous n'avez nulle idée de votre entreprise. Si vous croyez y trouver une aussi bonne rade qu'ici, avec une maison située sur le bord d'une voe qui amène les harengs à votre porte, vous vous trompez, mon ami. Vous ne verrez à Iarlshof que les vagues se brisant contre les rochers, et le roost de Sumburgh, dont chaque vague court à raison de quinze nœuds par heure.

— Au moins je n'y verrai pas le *courant* des passions humaines.

— Vous n'y entendrez que les cris des mouettes et le mugissement des vagues, depuis le lever du soleil jusqu'à son coucher.

— J'y consens, mon bon ami, pourvu que je n'entende pas le caquetage des langues femelles.

— Ah! dit le seigneur norse, vous parlez ainsi, parce que vous venez d'entendre mes filles, Minna et Brenda, chanter dans le jardin avec votre Mordaunt. Eh bien! j'ai plus de plaisir à écouter leurs petites voix, que l'alouette que j'ai ouïe une fois à Caithness, ou le rossignol que je ne connais que par les livres. Que deviendront ces pauvres filles quand elles n'auront plus Mordaunt pour jouer avec elles!

— Elles sauront y pourvoir. Plus jeunes ou plus âgées, les femmes trouvent des compagnons ou des dupes. Mais la question, M. Troil, est de savoir si vous voulez me louer cette vieille maison d'Iarlshof?

— Bien volontiers, puisque vous êtes décidé à vivre dans une pareille solitude.

— Et quelle sera la redevance?

— La redevance! Hem! Il faut que vous ayez le morceau de terrain qu'on nommait autrefois un jardin, un droit dans le *scathold*, et un merk de terre, afin qu'on puisse pêcher pour vous. Croyez-vous que huit *lispunds* de beurre et huit shillings sterling par an soient une demande exorbitante?

M. Mertoun accepta des conditions si raisonnables, et depuis ce temps il demeura principalement dans la maison solitaire dont nous avons fait la description au commencement de ce chapitre, se résignant non-seulement sans plainte, mais, à ce qu'il semblait, avec un sombre plaisir, à toutes les privations qu'une position si écartée et si sauvage imposait nécessairement à celui qui l'habitait.

CHAPITRE II.

> « ..... Dans ces déserts sauvages,
> » Dans ces lointaines mers qu'agitent tant d'orages
> » Il éprouve, Anselmo, de secrets sentimens,
> » Que lui refuseraient des climats plus charmans. »
>
> Ancienne tragédie.

Les habitans peu nombreux du hameau d'Iarlshof n'avaient pas appris d'abord sans alarmes qu'un personnage d'un rang supérieur au leur venait fixer sa résidence dans cette demeure ruinée qu'on appelait encore le château. Dans ce temps-là (car tout est changé pour le mieux), la présence d'un supérieur qui habitait un château était presque toujours inséparable d'un surcroît de charges et d'exactions, dont un prétexte quelconque, fondé sur les coutumes féodales, justifiait la pratique. C'était par suite de maint privilège arbitraire que le redoutable et puissant voisin auquel on donnait le nom de *taksman* (1) s'appropriait sans pudeur une partie des bénéfices précaires que le faible tenancier avait acquis par des travaux pénibles. Mais bientôt les tenanciers reconnurent qu'ils n'avaient pas à craindre d'oppression de cette espèce de la part de Basile Mertoun ; qu'il fût riche ou pauvre, sa dépense était au moins proportionnée à ses moyens, et la frugalité la mieux entendue était le caractère distinctif de ses habitudes. Son luxe consistait en un petit nombre de livres et quelques instrumens de physique, qu'il faisait venir de Londres quand il en trouvait l'occasion ; et pour ces îles c'était un signe de richesses extraordinaires. Mais, d'un autre côté, sa table et les dépenses de son intérieur n'étaient que celles d'un petit propriétaire de cette contrée. Les tenanciers s'embarrassèrent donc fort peu de la qualité du nouveau tacksman, dès qu'ils eurent reconnu que sa présence avait plutôt amélioré qu'empiré leur condition. Une fois la crainte de l'oppression bannie de leurs esprits, ils s'entendirent entre eux pour mettre à profit son insouciance, et se concertèrent pour lui faire payer un prix excessif les objets de détail nécessaires à son ménage. L'étranger fermait les yeux sur ce petit manège avec une indifférence plus que philosophique, lorsqu'un incident, qui fit connaître son caractère sous un autre point de vue, vint mettre un terme aux impôts qu'on tentait de lever sur lui.

M. Mertoun était un jour retiré dans une tourelle solitaire, occupé sérieusement à examiner un paquet

(1) The *tacksman*, le fermier en premier. Voyez aussi le sens de ce mot dans les notes de *Waverley*. — Éd.

de livres long-temps attendus, et enfin arrivés de Londres par Hull, Lerwick, et de là à Iarlshof, par un bâtiment baleinier, lorsque ses oreilles furent frappées du bruit d'une querelle qui s'était élevée dans la cuisine entre une vieille gouvernante à la tête de sa maison, et un nommé Sweyn Erickson, qui, dans l'art de manier la rame et de pêcher en pleine mer, ne le cédait à aucun Shetlandais. La dispute s'échauffa, et les clameurs en vinrent à un tel point que la patience de M. Mertoun s'épuisa. Agité par une indignation plus vive que celle que ressentent d'ordinaire les personnes indolentes quand elles sont excitées par un événement désagréable et en opposition violente à leur caractère, il descendit à la cuisine, demanda le sujet de la querelle, et insista d'un ton si bref et si absolu pour le connaître, que les deux parties tentèrent vainement d'éluder de répondre à ses pressantes questions, et furent forcés d'en révéler la cause. — Il s'agissait d'une différence d'opinion entre l'honnête femme de charge et le non moins honnête pêcheur, sur le partage des cent pour cent au-delà du prix ordinaire que l'on voulait faire payer à M. Mertoun pour quelques morues que Sweyn venait d'apporter pour la consommation de la maison d'Iarlshof.

Dès que le fait fut bien éclairci et avoué, M. Mertoun fixa sur les coupables des yeux où se peignaient à la fois et le mépris et une colère qui présageait une prompte explosion. — Écoute, vieille sorcière, dit-il en apostrophant la femme de charge, déloge à l'instant de chez moi, et apprends que je te chasse, non parce que tu m'as menti, non parce que tu m'as volé, non à cause de ta basse ingratitude, mais pour avoir eu l'impudence d'élever ainsi la voix chez moi, et d'y faire un tel vacarme.

— Et pour toi, dit-il en s'adressant ensuite à Sweyn, pour toi, misérable coquin, qui t'imagines que tu peux voler un étranger comme tu dégraisses une baleine, apprends que je n'ignore pas les droits que j'ai sur toi, et que m'a cédés ton maître Magnus Troil. Provoque-moi davantage, et tu apprendras à tes dépens qu'il m'est aussi facile de te punir qu'il te l'a été de venir ici troubler mon repos. Je n'ignore pas ce que signifient le *scat*, le *wattle*, le *hawkhen*, le *hagalef*, et les autres droits que vos seigneurs vous forçaient jadis à leur payer, comme ils le font encore de nos jours; et il n'y en a pas un de vous à qui je ne puisse faire maudire le jour où, non content de me voler, il s'exposera à troubler ma tranquillité par ces atroces clameurs norses, que je ne puis comparer qu'aux cris discordans d'une volée de mouettes du pôle arctique.

Sweyn stupéfait ne trouva pour le moment rien de mieux à répondre que d'offrir humblement gratis à Son Honneur le même poisson qui avait fait le sujet de la dispute, en le suppliant avec le même air d'humilité de vouloir bien oublier l'affaire. Mais, pendant qu'il avait parlé, la colère de M. Mertoun s'était encore accrue au point qu'il n'en était plus le maître. Il prend d'une main l'argent et le lui jette à la tête, tandis que de l'autre il saisit le poisson, et s'en sert pour mettre Sweyn dehors. Sweyn ne s'arrêta pas pour ramasser l'argent et emporter le poisson, tant il fut effrayé de l'excès de fureur tyrannique de l'étranger. Il se sauva à toutes jambes au village, alla raconter l'aventure à ses camarades, et les prévint que s'ils s'exposaient davantage à provoquer sa colère, ils auraient bientôt un maître aussi absolu que Pate Stuart (1), qui les vexerait et les enverrait à la potence sans jugement et sans pitié.

La femme de charge congédiée ne manqua pas d'arriver aussi pour prendre l'avis de ses parens et de ses amis (car elle était, comme Sweyn, native du village) sur ce qu'elle avait à faire pour rentrer dans une bonne place perdue si subitement. Le vieux Rauzellaer du pays, qui avait la voix la plus influente dans les délibérations des habitans, se fit rendre compte de tout ce qui s'était passé, et prononça gravement que Sweyn Erickson avant outre-passé les bornes en vendant son poisson à M. Mertoun à un prix si élevé; et quelque prétexte que le maître pût alléguer pour s'abandonner ainsi à sa colère, son véritable motif devait être le sou qu'on lui avait fait payer pour la morue qui, au prix courant, ne valait qu'un demi-sou. En conséquence de cette sage et décisive résolution, il exhorta toute la communauté à renoncer à ces exactions, et à se borner à l'avenir à ne plus demander que vingt-cinq pour cent au-dessus du taux ordinaire. — A ce prix, ajouta-t-il, il ne pourra pas raisonnablement murmurer; puisqu'il est disposé à ne pas vous faire du mal, il faut s'attendre qu'il le trouvera modéré, et que sans difficulté il vous fera du bien. Vingt-cinq pour cent est un profit honnête, et cette modération vous assurera les bénédictions de Dieu et les bonnes graces de saint Ronald.

(1) Sweyn voulait probablement parler de ce Patrice Stuart, comte des Orcades, exécuté au commencement du dix-septième siècle pour sa tyrannie envers les habitans de ces îles éloignées.

Éd.

Les dociles habitans d'Iarlshof, de l'avis du judicieux Rauzellaer, se réduisirent à ne plus tromper M. Mertoun que de vingt-cinq pour cent, taux modéré et très-raisonnable, auquel devraient se soumettre sans murmurer les nababs (1), les gouverneurs, les fournisseurs, les spéculateurs dans les fonds publics, et ces autres personnages qui, au moyen d'une fortune récente et rapidement acquise, se sont trouvés en état de s'établir dans le pays sur un pied splendide. Au moins M. Mertoun ne parut pas éloigné de cette opinion, car il eut l'air de ne plus guère s'inquiéter des dépenses de son ménage.

Les pères conscrits d'Iarlshof, après avoir ainsi arrangé leurs propres affaires, prirent ensuite en considération celle de Swertha, la femme de charge si brusquement congédiée : il leur importait que cette alliée non moins utile qu'expérimentée fût rétablie dans son poste de femme de charge, si la chose était possible ; mais ici leur sagesse fut en défaut. Swertha, dans son désespoir, eut recours aux bons offices de Mordaunt Mertoun, dont elle avait gagné les bonnes graces par quelques vieilles ballades norwégiennes, et par des contes lugubres sur les *Trows* et les *Drows* (nains des Scaldes), dont l'antiquité superstitieuse avait peuplé maintes cavernes isolées et maintes vallées sombres dans le Dunrossness, comme dans les autres districts des îles Shetland. — Swertha, lui dit le jeune homme, je ne puis faire pour vous que bien peu de chose, mais vous pouvez davantage par vous-même : la colère de

(1) Enrichis de l'Inde. — Éd.

mon père ressemble à la fureur de ces antiques champions dont parlent vos chansons.

— Ah! oui, oui, poisson de mon cœur, lui répondit la vieille d'un ton pathétique, les Berserkars étaient des champions qui vivaient du temps du bienheureux saint Olave, et qui avaient coutume de se précipiter aveuglément sur les épées, les lances, les harpons et les mousquets, de s'en emparer, et de les briser en pièces avec la même facilité qu'un requin traverserait un filet à harengs ; mais quand l'accès de leur fureur était passé, ils redevenaient aussi faibles, aussi irrésolus que l'onde (1).

— Précisément, Swertha, c'est ici la même chose, répliqua Mordaunt. Mon père ne songe plus à sa colère quand elle est passée, et en cela il a beaucoup de ressemblance avec un Berserkar ; quelque violente qu'elle ait été aujourd'hui, il l'aura oubliée demain. Il ne vous a pas encore remplacée au château ; depuis votre sortie, il n'y a pas eu un mets chaud préparé, ni pain mis au four ; nous n'avons vécu que de restes de viandes froides. Or je vous garantis, Swertha, que si revenant hardiment au château, vous y reprenez la suite de vos anciennes habitudes, vous n'entendrez pas un seul mot sortir de la bouche de mon père.

Swertha hésita d'abord à suivre un avis si hardi. — M. Mertoun, répondit-elle, ressemblait plus dans sa colère à un démon qu'à aucun des Berserkars ; ses yeux étaient étincelans, sa bouche écumante, et ce serait tenter la Providence que de s'exposer de nouveau à

---

(1) La même idée a été rimée dans *Harold l'Indomptable*.
ÉD.

tant de fureur. Mais, sur les motifs d'encouragement que le fils lui donna de nouveau, Swertha se détermina à reparaître devant le père. Revêtue de son costume accoutumé, suivant la recommandation du jeune homme, elle se glissa dans le château, et y reprit les occupations variées et nombreuses dont elle y était chargée, avec toute l'apparence d'une femme aussi attentive aux soins du ménage, que si elle ne les eût jamais abandonnés.

Le premier jour de son retour, Swertha ne se montra pas aux regards de son maître; mais elle s'imagina que si après trois jours de viande froide elle lui servait un plat chaud préparé de son mieux, cette circonstance la rappellerait favorablement à son souvenir. Mordaunt lui dit que son père n'avait fait aucune attention au changement de nourriture. Elle avait remarqué elle-même qu'en passant et repassant devant lui en diverses occasions, sa présence n'avait produit aucun effet sur son singulier maître : elle commença à croire alors qu'il avait tout oublié; elle ne fut convaincue du contraire qu'un certain jour qu'elle commençait à élever la voix dans une dispute avec l'autre servante de la maison. M. Mertoun, qui en ce moment passait près du lieu de la scène, la regarda fixement, et lui adressa cette seule parole : — Souviens-toi! — d'un ton qui apprit à Swertha à mettre un frein à sa langue pendant plusieurs semaines.

Si M. Mertoun était bizarre dans sa manière de gouverner sa maison, il semblait ne pas l'être moins dans le système d'éducation qu'il suivait à l'égard de son fils. Il ne témoignait guère d'affection paternelle à ce jeune homme; cependant, dans ses jours de bonne humeur, les progrès de son fils semblaient faire le principal objet de toutes ses pensées ; il avait assez de livres et de connaissances par lui-même pour l'instruire dans les branches ordinaires des sciences ; comme instituteur, il était calme, aimait l'ordre, et il exigeait strictement, pour ne pas dire sévèrement, de son élève toute l'attention nécessaire à ses devoirs. Mais la lecture de l'histoire dont il s'occupait surtout, et l'étude des auteurs classiques, lui présentaient souvent des faits ou des opinions qui opéraient une impression subite sur l'esprit de M. Mertoun, et ramenaient soudain ce que Swertha, Sweyn et même Mordaunt s'étaient habitués à distinguer par le nom de *son heure sombre*. Aux premiers symptômes de cette crise, dont il sentait lui-même l'approche avant qu'elle se déclarât, il se retirait dans l'appartement le plus éloigné, et ne permettait pas même à Mordaunt d'y pénétrer. Là il restait enfermé pendant des jours et des semaines entières, ne sortant qu'à des heures irrégulières pour prendre la nourriture qu'on avait eu le soin de placer à sa portée, et à laquelle il touchait à peine. Dans d'autres temps, et surtout durant le solstice d'hiver, que chacun passe généralement renfermé chez soi dans les fêtes et les amusemens, ce malheureux solitaire s'enveloppait dans un manteau brun foncé, et errait çà et là, tantôt sur les bords d'une mer orageuse, tantôt sur les bruyères les plus désertes, s'abandonnant sans réserve à ses sombres rêveries, et exposé aux intempéries du ciel, parce qu'il était sûr qu'il ne serait ni rencontré ni observé.

A mesure que Mordaunt croissait en âge, il avait appris à remarquer ces signes particuliers, avant-coureurs des accès de mélancolie de son malheureux père, et à prendre des précautions pour empêcher qu'il ne fût interrompu mal à propos ; car une pareille interruption ne manquait jamais de réveiller sa fureur : à ces précautions il ajoutait le soin de lui faire préparer et porter à propos ce qui était nécessaire à sa subsistance. Il avait aussi remarqué que s'il s'offrait à la vue de son père avant que la crise fût passée, les effets en devenaient beaucoup plus prolongés. Ainsi, par respect pour lui, et en même temps pour se livrer aux exercices actifs et aux amusemens qu'on recherche naturellement à son âge, Mordaunt avait contracté l'habitude de s'absenter d'Iarlshof, et même du canton, bien persuadé que son père, revenu à un état calme et ordinaire, ne songerait guère à savoir comment il aurait disposé de ce temps de loisir, et qu'il lui suffisait d'être sûr que son fils n'avait pas été témoin de sa faiblesse : tant était grande sa susceptibilité sur ce point.

Le jeune Mordaunt, dans l'impuissance de continuer son éducation sans interruption, profitait donc de ces intervalles pour jouir des amusemens que lui offrait le pays, et pour donner une libre carrière à son caractère vif, hardi et entreprenant. Tantôt il lui arrivait de prendre part avec la jeunesse du village à ces divertissemens périlleux, du nombre desquels — « le métier périlleux d'aller cueillir le samphire (1), » — ne leur présentait pas plus de dangers qu'une simple promenade sur un terrain uni ; tantôt il se joignait à ces excursions nocturnes où il ne s'agissait de rien moins que

---

(1) Phrase de Shakspeare (*le Roi Lear*). *Samphire*, crête marine, espèce de fenouil ; herbe qui croît dans les fentes des rochers, et que l'on confit dans le vinaigre comme des cornichons. — ÉD.

de gravir les flancs de rochers escarpés, pour y dénicher les œufs et les petits des oiseaux de mer; et dans ces expéditions téméraires il déployait une adresse, une activité et une présence d'esprit qui, dans un jeune homme étranger au pays, frappaient d'étonnement les plus vieux chasseurs. D'autres fois Mordaunt accompagnait Sweyn et d'autres pêcheurs dans leurs longues et pénibles excursions en pleine mer, apprenant d'eux l'art de conduire une barque, art dans lequel les Shetlandais égalent tous les sujets de l'empire britannique, s'ils ne les surpassent point. Cet exercice seul avait des charmes pour Mordaunt, indépendamment de la pêche.

Dans ce temps, les vieilles ballades ou *sagas* de la Norwège n'étaient pas oubliées des pêcheurs, qui les chantaient encore dans l'idiome norse, langue de leurs ancêtres. Ces vieux contes de la Scandinavie avaient de quoi séduire une jeune tête, et les étranges légendes des Berserkars, des rois de la mer, des nains, des géans et des sorciers, que Mordaunt entendait raconter par les naturels des îles Shetland, étaient selon lui au moins égales en beauté aux fictions classiques de l'antiquité, si elles ne les surpassaient pas. Souvent, voguant au milieu des flots, on lui désignait du doigt les lieux auxquels faisaient allusion ces poésies sauvages, à moitié chantées, à moitié récitées par des voix aussi rauques et aussi bruyantes que celle de l'Océan. Ici c'était une baie témoin d'un combat naval; là c'était un monceau de pierres à peine visible qui s'élevait sur une des pointes saillantes du cap, comme l'asile ou le château fort de quelque puissant comte ou de quelque fameux pirate. Plus loin, dans un marais solitaire, une

3.

pierre grise indiquait le tombeau d'un héros; d'un autre côté on lui montrait, comme la demeure d'une fameuse sorcière, une caverne inhabitée contre laquelle venaient échouer sans se rompre de pesantes lames d'eau.

L'Océan avait aussi ses mystères, dont l'effet était rendu plus frappant encore à l'aide du sombre crépuscule par le moyen duquel on ne les apercevait qu'imparfaitement pendant plus de la moitié de l'année. Ses abimes sans fond et ses cavernes secrètes, à en croire les contes de Sweyn et d'autres pêcheurs versés dans la science des légendes, renfermaient des merveilles que les navigateurs modernes rejettent avec dédain. Dans la baie paisible, éclairée par la lune, où les vagues à peine agitées à leur surface venaient doucement se répandre sur un lit de sable entremêlé de coquillages, on voyait encore la sirène glisser légèrement sur les eaux à la clarté de l'astre de la nuit, mêlant sa voix au souffle de la brise; et souvent on l'entendait chanter les merveilles souterraines et des prédictions sur l'avenir. Le kraken (1), cet animal le plus énorme des êtres vivans, venait encore, du moins on le supposait, se montrer dans les gouffres les plus profonds de l'Océan du nord, et en violer le repos et le calme; souvent, quand les brumes couvraient au loin la mer, l'œil exercé du batelier apercevait les cornes du monstrueux léviathan se balançant au milieu des flocons du brouillard; et le marin effrayé faisait force de rames et de voiles,

(1) Espèce de polype ou poulpe de mer gigantesque, qu'on supposait capable d'enlacer un vaisseau dans ses bras et de le faire sombrer. Ce Briarée de l'Océan est aussi fabuleux que le grand serpent mentionné ci-après. — Éd.

de peur que le soudain refoulement des eaux, occasioné par la descente précipitée du monstre au fond de la mer, ne livrât son faible esquif à la merci de ses innombrables bras. On connaissait aussi le serpent de mer, qui, s'élevant des abîmes, tend vers les cieux son énorme crinière, semblable à celle d'un belliqueux coursier, se dresse à la hauteur d'un mât, et semble épier de son œil brillant le moment de saisir ses victimes. Des histoires miraculeuses de ces monstres marins, et de beaucoup d'autres moins connus, étaient alors universellement admises parmi les habitans des îles Shetland, et leurs descendans n'ont pas encore cessé d'y ajouter foi.

De pareils contes ont cours partout chez le vulgaire; mais l'imagination en est surtout affectée dans les mers du nord, au milieu de ces caps et de ces précipices qui ont plusieurs centaines de pieds de profondeur, et parmi tous ces détroits périlleux, ces courans, ces tourbillons, ces récifs presque à fleur d'eau au-dessus desquels l'Océan s'agite, écume et bouillonne; ces sombres cavernes aux extrémités desquelles nul esquif n'osa jamais pénétrer, ces îles solitaires et souvent inhabitées, enfin parmi ces ruines d'antiques forteresses, vues imparfaitement aux faibles clartés d'un hiver du pôle arctique. Mordaunt avait un caractère romanesque; — ces superstitions donnaient à son imagination un exercice agréable et intéressant : suspendu entre le doute et l'envie de croire, il écoutait avec plaisir les chants qui célébraient ces merveilles de la nature inventées par la crédulité, et racontées dans le langage grossier mais énergique des anciens Scaldes.

Cependant il ne manquait pas de ces amusemens

plus doux qui auraient dû convenir davantage à l'âge de Mordaunt que ces contes extravagans, et tous ces pénibles et grossiers exercices que nous venons de décrire. Quand, dans les îles Shetland, la saison de l'hiver avait amené les longues nuits, et que le travail était devenu impossible, le temps se passait en plaisirs, en fêtes et en amusemens bruyans. Tout ce que le pêcheur avait su conserver de ses profits de l'été, il le dépensait souvent avec profusion dans ses foyers, en frais de joyeuse hospitalité; d'une autre part, les propriétaires et les riches, non moins hospitaliers, passaient leur temps dans les fêtes et les festins; ils peuplaient leurs maisons de convives, et oubliaient la rigueur de la saison par la bonne chère, le vin, la danse, les chansons, la joie, la plaisanterie et les amusemens de toute espèce.

Au milieu de ces divertissemens, et malgré la rigueur du climat et de la saison, nul jeune homme n'avait plus d'aptitude, plus de feu pour la danse, les plaisirs bruyans et l'enjouement, que le jeune Mordaunt Mertoun. Quand l'état moral de son père le rendait libre ou exigeait son absence, il courait de maison en maison, parfaitement accueilli partout où il se présentait. S'agissait-il de chanter, il unissait de suite sa voix à celles des chanteurs, et il n'était pas moins disposé à se mêler parmi les danseurs. Si le temps le permettait, il se jetait dans un bateau, ou souvent il montait sur un de ces petits chevaux qu'on trouvait partout errans dans de vastes marais, et il se rendait ainsi dans les diverses demeures de ces insulaires hospitaliers. Personne ne savait mieux que lui exécuter la danse de l'épée, amusement qui tirait son origine des anciens Norses. Il jouait de deux instrumens, le *güe* et le violon, et s'accompagnait en chantant les airs mélancoliques et touchans qui sont particuliers à cette contrée. Il avait l'art de relever avec intelligence la monotonie de cette musique par d'autres airs plus vifs du nord de l'Écosse. Était-il question d'aller en partie de mascarade visiter quelque seigneur voisin ou quelque riche Udaller, on concevait un bon augure de l'expédition si Mordaunt Mertoun consentait à être à la tête de la troupe, et à diriger la musique. Il était, dans ces occasions, d'une gaieté folle; il conduisait sa bande de maison en maison, portant l'enjouement et la bonne humeur partout où il entrait, et laissant des regrets quand il se retirait. Mordaunt se faisait ainsi connaître et aimer généralement dans la plupart des premières et des plus anciennes familles de Main-Land; mais c'était dans celle du propriétaire et du patron de son père, Magnus Troil, qu'il se rendait le plus souvent et le plus volontiers.

L'accueil cordial et sincère que lui faisait ce respectable vieillard, et l'idée où était Mordaunt qu'il était le patron de son père, n'étaient pas les seules causes de ses fréquentes visites. A son arrivée le digne et ancien Udaller se levait de son énorme fauteuil garni de peau de veau marin, et dont le bois, de chêne massif, avait été sculpté par le ciseau grossier de quelque charpentier de Hambourg; la main était à l'instant reçue et serrée avec la même sincérité qu'elle était offerte, et la bonne réception était proclamée du même ton de voix qui jadis se serait fait entendre au retour d'*Ioul* (1),

(1) La noël. *Voy.* une des introductions de *Marmion* et les notes. — Éd

fête si célèbre du temps des anciens Goths. La maison de Magnus Troil renfermait un attrait plus doux : c'étaient deux cœurs plus jeunes, dont l'accueil, s'il était moins bruyant, n'était pas moins sincère que celui du joyeux Udaller. Mais ce n'est pas à la fin d'un chapitre qu'il faut entrer en matière sur ce sujet.

CHAPITRE III.

» Connaissez-vous la charmante Bessie?
» Connaissez-vous Marie aux blonds cheveux?
» Préférez-vous ou Bessie ou Marie?
   » Elles sont belles toutes deux.

» Je regardais hier Bessie,
» Et croyais l'aimer à jamais;
» Mais aujourd'hui j'ai vu Marie,
» Et je me rends à ses attraits. »

Chanson écossaise.

Déjà nous avons nommé Minna et Brenda, filles de Magnus Troil. Leur mère était morte depuis quelques années; elles étaient alors deux jeunes et jolies sœurs: l'aînée, qui pouvait avoir dix-huit mois de plus que Mordaunt Mertoun, entrait dans sa dix-neuvième année; et la cadette n'avait que dix-sept ans. Elles étaient la joie du cœur de leur père, et ranimaient ses yeux éteints. Quoiqu'elles jouissent d'une liberté qui aurait pu mettre en danger leur bonheur et celui du vieil Udaller, sa tendresse indulgente et aveugle n'avait pas à se plaindre du moindre manque d'égards ni d'aucun caprice féminin. On remarquait à la fois dans les deux filles de Magnus une certaine ressemblance de famille, et une différence frappante dans leurs caractères et dans leurs traits.

Leur mère avait pris naissance dans les montagnes du Sutherland, en Écosse; elle était fille d'un noble Chef qui, forcé de fuir sa patrie dans les troubles du dix-septième siècle, avait trouvé un asile dans ces îles paisibles, que leur pauvreté et leur solitude avaient laissées à l'abri des dissensions civiles. Saint-Clair, c'était le nom de ce noble Écossais, n'avait cessé, depuis son arrivée, de soupirer pour sa patrie, de regretter les champs qui l'avaient vu naître, les hommes de son clan, sa tour féodale, son autorité perdue; et sa carrière s'était terminée après un assez court exil. La beauté de sa fille, malgré son origine écossaise, toucha le cœur généreux de Magnus Troil; il offrit ses vœux à la jeune orpheline, il en fut écouté. Mais la jeune épouse ne survécut que cinq ans à leur mariage, laissant son époux livré à la profonde douleur d'avoir vu s'éclipser si rapidement son bonheur domestique.

Minna avait la taille noble et majestueuse de sa mère, ses yeux et ses cheveux noirs, et ses sourcils bien dessinés; elle semblait au moins de ce côté étrangère au sang de Thulé:

> Vantez la blancheur de son teint,
> Mais ne dites pas qu'elle est pâle.

Son visage était si délicatement coloré de rose, que

le lis paraissait à bien des gens y avoir pris une part trop considérable; mais, si cette fleur plus pâle prédominait, le teint de Minna n'avait rien de languissant ni de maladif; la nature lui avait donné la santé et la fraîcheur, et ses traits avaient cela de remarquable qu'ils exprimaient un caractère rêveur et noble. Si Minna entendait raconter des traits d'injustice, d'infortune et de persécution, le sang colorait vivement ses joues, et montrait quelle devait être son ardeur, malgré son caractère généralement grave, pensif et réservé. Si des étrangers s'imaginaient quelquefois que ces beaux traits étaient rembrunis par une mélancolie dont son âge et sa situation dans le monde pouvaient à peine lui fournir un sujet, ils n'avaient besoin que de la mieux connaître pour être aussitôt persuadés que la cause réelle de sa gravité se trouvait dans sa paisible douceur, et dans l'énergie secrète d'une ame qui prenait peu d'intérêt aux événemens ordinaires et communs de la société. La plupart de ceux qui avaient reconnu qu'un chagrin réel n'était pas la cause de sa mélancolie, et qu'elle prenait plutôt sa source dans un esprit occupé d'objets plus importans que ceux qui l'environnaient, auraient pu lui souhaiter tout ce qui pouvait ajouter à son bonheur, mais ils auraient difficilement voulu voir se changer en un extérieur plus gai son maintien plein de graces naturelles et naïves quoique sérieuses; en un mot, et malgré le désir que nous avions de ne pas employer ici la comparaison rebattue d'un ange, nous ne pouvons nous refuser à ajouter qu'il y avait dans la beauté grave de Minna, dans l'aisance mesurée et cependant gracieuse de ses mouvemens, dans la mélodie de sa voix et dans la sérénité de ses yeux, un je ne sais quoi qui semblait dire que la fille de Magnus Troil appartenait à une sphère plus élevée et plus pure, et que ce n'était que par hasard qu'elle visitait un monde peu digne d'elle.

Brenda, à peine moins belle, mais aussi aimable et aussi innocente, ne différait pas moins de sa sœur par ses traits et l'expression de sa physionomie, que par ses goûts et son caractère. Ses cheveux touffus étaient de ce brun pâle qui reçoit une teinte dorée d'un rayon passager de l'astre du jour, mais qui reprend sa couleur primitive quand le rayon a disparu. Ses yeux, sa bouche, la ravissante symétrie de ses belles dents, que souvent elle laissait apercevoir dans son innocente vivacité, la fraîcheur de son teint, dont un coloris délicat relevait la blancheur égale à celle de la neige, tout enfin retraçait son origine, et disait qu'elle descendait des anciens Scandinaves. Si elle était moins grande que Minna, elle avait en retour les formes d'une fée, et sa taille plus déliée était un modèle de proportions charmantes; sa démarche était pleine d'aisance, et ses pas avaient la légèreté de ceux d'un enfant. Ses yeux, qui voyaient toujours avec plaisir tout ce qu'ils rencontraient, preuve de son enjouement et de sa candeur, inspiraient en général plus d'admiration que les charmes de sa sœur, quoique peut-être celle que Minna faisait naître fût plus forte et mêlée de plus de respect.

Les goûts de ces aimables sœurs ne différaient pas moins que leurs traits. Cette différence n'existait cependant pas dans les douces affections du cœur, car elles se ressemblaient parfaitement à cet égard, et l'on ne pouvait dire que l'une fût plus attachée que l'autre à son père; mais l'enjouement de Brenda se mêlait aux petits détails domestiques, aux occupations de chaque jour, et semblait inépuisable. Sa sœur, plus réservée, paraissait n'apporter dans la société que le désir de s'intéresser à ce qui s'y passait, et d'en être satisfaite; mais elle se laissait entraîner aux distractions et aux amusemens sans songer à y jouer un rôle actif. Elle tolérait la gaieté plutôt qu'elle n'en jouissait; et les plaisirs d'un genre plus grave et plus solitaire étaient ceux qu'elle préférait. Les connaissances qu'on acquiert par les livres étaient hors de sa portée. Ce pays ne fournissait alors que fort peu d'occasions d'étudier les leçons

Que la mort lègue à la postérité ;

et Magnus Troil, tel que nous l'avons peint, n'était pas un homme dans la maison duquel on pût acquérir de telles connaissances. Mais le livre de la nature était ouvert sous les yeux de Minna; ce livre, le plus noble de tous, dont les pages merveilleuses ne cessent de commander notre admiration, lors même que nous sommes incapables de les comprendre. Minna Troil connaissait les plantes de ces sauvages contrées, les coquillages disséminés sur les rivages, et, aussi bien qu'aucun chasseur, les nombreuses espèces de ces habitans ailés des airs qui fréquentent les rocs escarpés, et y viennent déposer périodiquement l'espoir de leur génération. Elle était douée d'un génie étonnant d'observation qui était rarement détourné par des sensations étrangères. Elle gardait profondément gravées dans sa mémoire heureuse les lumières qu'elle avait acquises par l'habitude de la patience et d'une attention soutenue; elle avait aussi appris à élever son ame à la hauteur des scènes mélancoliques et solitaires, mais majestueuses, au milieu desquelles le hasard l'avait placée. L'Océan avec ses formes variées de sublimité et de terreur, les rochers et les précipices dont la vue glace d'effroi, et qui retentissent des éternels mugissemens des vagues et des cris aigus des oiseaux de mer, avaient pour Minna un charme particulier dans toutes les vicissitudes des saisons. Au caractère d'enthousiasme romanesque particulier au peuple dont sa mère descendait, elle joignait un véritable amour pour les sites et le climat de son pays natal; et cette passion non-seulement occupait son imagination, mais l'agitait quelquefois. Sa sœur, spectatrice des mêmes scènes, les considérait avec un sentiment d'émotion ou de terreur, mais ces sensations n'étaient en elle que passagères, et s'effaçaient à son retour dans la maison paternelle; au contraire, l'imagination de Minna en restait long-temps frappée dans la solitude et le silence de la nuit, comme dans le sein de la société. Quelquefois, assise au milieu d'un cercle nombreux, on l'eût prise pour une belle statue : ses pensées erraient sur les bords sauvages de la mer et sur les montagnes encore plus sauvages de son île natale; cependant, quand elle était rappelée à la conversation, et qu'elle s'y mêlait avec intérêt, il était rare que ses amis ne reconnussent pas qu'ils étaient plus redevables à Minna qu'à tout autre d'en avoir augmenté les jouissances ; bien que dans ses manières quelque chose semblât, malgré sa jeunesse, commander la déférence autant que l'affection, Brenda si gaie et si aimable n'était pas plus généralement chérie que la pensive et sérieuse Minna.

Les deux sœurs faisaient à la fois les délices de leur famille et l'orgueil de l'île, dont les habitans d'un certain rang avaient formé entre eux une communauté d'amis, par suite des distances respectives de leurs demeures, comme aussi par les habitudes d'une douce hospitalité. Un poète errant, un peu musicien, qui, après avoir tenté la fortune dans diverses contrées, était revenu dans sa patrie pour y finir ses jours comme il le pourrait, avait chanté les filles de Magnus Troil dans un poëme qu'il avait intitulé *la Nuit et le Jour*; et dans la description qu'il avait faite de Minna, on serait tenté de croire qu'il avait, quoique par une esquisse grossière, imité par anticipation ces beaux vers de lord Byron :

« Elle marche dans sa beauté, comme la nuit des cieux sans nuage et parsemés d'étoiles. Tout ce qu'il y a de plus beau dans l'alliance du sombre azur et des astres se retrouve dans son aspect et ses yeux. Telle est cette douce lumière que le ciel refuse à la splendeur du jour (1). »

Magnus Troil aimait ses deux filles avec tant de tendresse, qu'il eût été difficile de dire laquelle il préférait; cependant peut-être aimait-il davantage la sérieuse Minna dans ses promenades, et peut-être encore avait-il de la prédilection pour l'enjouée Brenda quand il était

---

(1) *She Walks in beauty*, etc.

Belle comme le ciel d'étoiles parsemé,
Dont l'azur n'est jamais obscurci d'un nuage ;
Elle présente à l'œil charmé
D'attraits divers un brillant assemblage.
Telle est des nuits cette douce clarté
Que refuse le ciel aux beaux jours de l'été (*).

(*) Mélodies hébraïques. — Éd.

assis au coin du feu. C'est assez dire qu'il désirait la société de l'aînée quand il était d'une humeur sombre et triste, et celle de la jeune quand il était joyeux ; ou, ce qui revient au même, il préférait Minna avant midi, et Brenda quand la bouteille avait circulé dans la soirée.

Mais ce qui en apparence était encore plus extraordinaire, c'est que l'affection du jeune Mertoun, de même que celle du père, semblait se balancer et se partager avec la même impartialité entre les deux sœurs. Dès son enfance, nous l'avons déjà dit, il avait reçu avec son père l'hospitalité chez le respectable Udaller à Burgh-Westra, et depuis qu'ils étaient allés se fixer l'un et l'autre à Iarlshof, à près de vingt milles de distance, l'éloignement ne l'avait pas empêché de visiter fréquemment la famille : cependant le voyage était pénible, et même dangereux dans la saison rigoureuse de l'année ; il fallait gravir des montagnes et traverser des fondrières dans lesquelles on pouvait s'enfoncer à chaque pas. Le chemin était souvent coupé par des criques et des bras de mer qui se prolongeaient dans l'île de chaque côté, ainsi que par les lacs ; cependant, dès que l'humeur noire de son père donnait à Mordaunt l'avis de s'absenter d'Iarlshof, il n'y avait point de difficulté, point de danger qui fût capable de le retenir, et il arrivait le lendemain à Burgh-Westra, après avoir employé à son voyage moins de temps que n'en aurait peut-être mis l'insulaire le plus actif.

Il était, comme de raison, considéré par le public shetlandais comme l'amant d'une des filles de Magnus Troil ; on en doutait d'autant moins que le respectable vieillard ne dissimulait rien du plaisir qu'il éprouvait à le recevoir à son arrivée, et de la franche amitié qu'il lui portait ; il était donc tout simple de croire qu'il pouvait aspirer à la main de l'une ou de l'autre de ces beautés, et obtenir une riche dot d'îles, de pays marécageux entremêlés de rochers, de droits de pêche, etc.; une dot, en un mot, telle qu'il convenait d'en donner une à une fille chérie; et la perspective de devenir un jour, par le décès du généreux Udaller, propriétaire de la moitié des domaines de l'ancienne maison Troil. D'après les probabilités au moins il y avait plus de vraisemblance dans la conséquence qu'on tirait des relations du jeune homme avec cette famille, que dans une foule d'autres conjectures qu'on admet souvent comme des faits incontestables. Mais, hélas! le point principal avait échappé à la pénétration des observateurs, et ce point était de savoir à laquelle des deux jeunes personnes Mordaunt avait donné son cœur. Il semblait en général les traiter avec l'attachement et l'amitié d'un frère dont la préférence ne penchait pas plus d'un côté que de l'autre. Ou si quelquefois, et c'était ce qui arrivait souvent, l'une d'elles paraissait être l'objet de ses attentions, la cause en appartenait uniquement à des circonstances qui mettaient en évidence les qualités et les talens particuliers de celle qu'il semblait alors préférer.

Toutes deux excellaient dans la musique simple du Nord, et quand elles s'exerçaient à cet art délicieux, Mordaunt, leur compagnon d'étude, et souvent aussi leur précepteur, aidait tantôt Minna à apprendre ces airs sauvages, solennels et simples, sur lesquels les scaldes et les ménestrels chantaient jadis les exploits des héros; et tantôt on le trouvait également zélé à enseigner à Brenda une musique plus vive et plus compliquée, que la tendresse paternelle de Magnus Troil avait fait venir de Londres ou d'Édimbourg pour l'amusement de ses filles. Quand il conversait avec elles, Mordaunt, qui réunissait à l'enthousiasme le plus ardent la vive et impétueuse gaieté de la jeunesse, n'était pas moins prêt à entrer dans les visions poétiques de Minna qu'à écouter le babil vif et plaisant de sa sœur. En un mot, il paraissait si peu avoir un attachement de préférence pour l'une d'elles, que quelquefois on l'entendait dire que Minna n'était jamais plus aimable que lorsque sa sœur, d'un ton de légèreté enchanteresse, la sollicitait de se dépouiller pour un moment de sa gravité habituelle, ou bien que Brenda n'était jamais si intéressante que lorsque, assise et tranquille, et prêtant une oreille attentive aux accens de sa sœur, elle partageait ses romanesques émotions. Le public était donc en défaut, pour nous servir de l'expression du chasseur; et, après avoir long-temps balancé, n'étant pas plus en état de conclure laquelle des deux sœurs Mordaunt devait épouser, il en était réduit à attendre, pour prononcer, l'époque de la majorité du jeune homme, ou le moment qu'il plairait au vénérable et fier Udaller de le faire décider lui-même. — Ce serait une chose fort plaisante, disait-on, que ce jeune Mertoun, étranger en ce pays, qui ne possédait aucuns moyens visibles d'existence, et qui n'était connu de personne, osât se permettre d'hésiter, ou affectât d'avoir le droit de choisir entre les deux beautés les plus renommées des îles de Shetland : à la place de Magnus Troil, on saurait bientôt à quoi s'en tenir. — Toutes ces remarques et d'autres se répétaient seulement tout bas; car on connaissait le caractère emporté du vieil Udaller; on savait qu'il était pétri de ce feu qui distinguait les anciens Norses, et il pouvait y avoir du danger à se mêler des affaires de sa famille sans y être invité. Telles étaient les liaisons de Mordaunt avec la maison de Magnus Troil à Burg-Westra, quand survinrent les incidens qui vont suivre.

CHAPITRE IV.

> « .... Ma foi, pareil matin
> » N'est guère favorable au pauvre pèlerin.
> » Voyez-vous ce brouillard qui, sous un voile sombre,
> « Met nos champs, nos vallons et nos coteaux à l'ombre?
> » Tel est le crêpe noir porté depuis deux jours
> » Par veuve ayant perdu l'objet de ses amours.
> » Mais je préférerais que la veuve en déboire
> » Des vertus du défunt me fît la longue histoire,
> M'assaillît de soupirs et m'inondât de pleurs,
> » Plutôt que de braver l'orage et ses fureurs. »
>
> Le double mariage.

Le printemps était déjà avancé, et Mordaunt Mertoun avait passé une semaine dans les amusemens et les fêtes à Burgh-Westra, quand il annonça à la famille qu'il était obligé de lui faire ses adieux pour retourner à Iarlshof. Les deux jeunes personnes combattirent sa résolution, et leur père surtout s'opposait décidément à son départ; il n'en voyait nullement la nécessité. — Si votre père désire vous voir, lui dit-il (et, soit dit en passant, je ne le crois pas), qu'il se jette dans le bateau de Sweyn, ou qu'il monte sur un bidet s'il préfère venir par terre ; il trouvera ici vingt personnes qui seront bien aises de s'assurer qu'il n'a pas entièrement perdu l'usage de sa langue dans sa longue solitude ; car il faut avouer, ajouta-t-il, qu'il en faisait peu d'usage tandis qu'il vivait avec nous.

Mordaunt ne pouvait nier la taciturnité de son père, ni son aversion pour la société, mais il disait que c'était pour cela même que sa présence était plus nécessaire à Iarlshof, attendu qu'il lui servait de moyen de communication avec les autres personnes de la maison ; et il tirait de la seconde circonstance, c'est-à-dire de l'aversion qu'il avait pour la société, la conclusion de la nécessité de son propre retour, puisque son père n'avait pas d'autre société que la sienne. Quant à une visite de Mertoun à Burgh-Westra, on pourrait aussi bien s'attendre, dit-il, voir arriver le cap Sumburgh.

— Ce serait un hôte fort embarrassant, répondit Magnus Troil ; mais vous resterez au moins à dîner avec nous aujourd'hui. Nous avons les familles de Muness, de Quendale, de Therelivoe, et je ne sais combien d'autres, outre les trente personnages qui ont passé ici cette charmante nuit. Nous aurons aujourd'hui autant de monde qu'on en pourra coucher dans les chambres, dans les granges et sous les angars ; et ce serait en ce moment que vous voudriez nous quitter!

— Et la danse de ce soir, ajouta Brenda d'un ton moitié grondeur, moitié boudeur : et les jeunes gens de l'île de Paba qui doivent exécuter la danse de l'épée, qui nous aidera à leur tenir tête, pour l'honneur de Main-Land ?

— Vous avez, répliqua Mordaunt, une foule de bons et d'aimables danseurs dans votre île, sans que j'aie besoin de me mettre du nombre ; et partout où il y a de tels danseurs, Brenda ne manquera jamais d'y trouver les plus habiles cavaliers. Pour moi, si je danse ce soir, ce sera à travers les sables de Dunrossness.

— Que dites-vous là? s'écria Minna, qui pendant la conversation avait regardé d'un air inquiet à travers la fenêtre; au moins ne vous avisez pas de passer aujourd'hui par Dunrossness.

— Et pourquoi pas aujourd'hui aussi bien que demain? lui dit en riant Mordaunt.

— Pourquoi pas? Ne voyez-vous pas là-bas cet épais brouillard qui plane sur cette chaîne d'îles, et qui, depuis la pointe du jour, ne permet pas à l'œil de pénétrer jusqu'à la dernière montagne, le cap de Fitful-Head? L'oiseau de mer dirige son vol vers le rivage ; à travers le brouillard, le canard semble ondoyer comme mon écharpe ; voyez les mouettes fuir vers les rochers pour y chercher un abri.

— Et pourtant, dit le père, elles sont en état de supporter un coup de vent aussi bien qu'un vaisseau de roi. Leur vol vers les rochers est toujours un signe de tempête.

— Restez donc avec nous, dit Minna ; la tempête menace d'être terrible, ce sera un beau spectacle sans doute à contempler de Burgh-Westra, si nous n'avons pas d'ami exposé à sa fureur. Voyez comme l'air est lourd et étouffant, quoique la saison de l'été soit à peine arrivée, et que l'atmosphère soit si calme qu'il n'y ait pas un brin d'herbe agité sur la bruyère. Restez avec nous, Mordaunt, vous dis-je; tout annonce la tempête la plus furieuse.

— Quoi! dit Magnus, vous nous quitteriez pour le nouveau Tacksman du nouveau chambellan, qui vient de nous arriver d'Écosse pour donner des leçons à nous autres sauvages des îles Shetland! — Faites comme il vous plaira, jeune homme, si vous chantez sur cette gamme.

— Oh non, répondit Mordaunt, j'ai seulement la curiosité de voir les nouveaux outils qu'il a apportés avec lui.

— Oui, les nouveautés font tourner la tête à bien des jeunes gens, dit Magnus; je voudrais bien savoir si la nouvelle charrue tiendra contre nos rochers.

Le jeune homme, pour ne pas heurter les préjugés du vieil Udaller contre les innovations, dit que si ses présages se vérifiaient, il ne s'arrêterait à Stour-Burgh que le temps nécessaire pour éviter le plus fort de l'ouragan; mais que si ce n'était que de la pluie, il ne craignait pas d'être fondu, et qu'il continuerait sa route.

— L'orage sera autre chose que de la pluie, dit Minna; voyez comme les nuages épaississent à chaque minute; voyez ces rayons d'un rouge pâle et de pourpre qui divisent leur masse noirâtre.

— Je vois tout cela, répliqua Mordaunt, et j'en conclus seulement que je n'ai pas un moment à perdre. Adieu donc, Minna; je vous enverrai des plumes d'aigle, s'il y a un seul aigle dans l'île de Foulab. Adieu aussi, ma jolie Brenda: gardez-moi une place dans votre souvenir, dussent les jeunes gens de Poba danser aussi bien que vous le dites.

— Prenez garde à vous, lui dirent en même temps

les deux sœurs, puisque vous voulez absolument partir.

Le vieux Magnus gronda ses deux filles de supposer qu'un jeune homme actif courût des dangers en s'exposant à quelques coups de vent sur mer ou sur terre; il finit cependant par donner sérieusement à Mordaunt l'avis de différer son départ, ou du moins de s'arrêter à Stour-Burgh : — Car, lui dit-il, les secondes pensées sont les meilleures ; et comme la maison de cet Écossais est située sur votre route, en cas de tempête, on entre dans le premier port qu'on trouve. Mais gardez-vous bien de vous imaginer qu'on vous ouvrira aisément la porte, quelle que soit la violence de l'ouragan ; il y a de certaines choses en Écosse qu'on appelle des verrous et des barres, qu'on ne connaît pas ici, graces en soit rendues à saint Ronald, excepté la grande serrure du vieux château de Scolloway, que tout le monde s'empresse d'aller voir. Ces belles choses-là font peut-être partie des perfectionnemens que cet Écossais nous apporte. Allons, partez Mordaunt, puisque vous le voulez ; — vous devriez boire le coup de l'étrier, si vous aviez seulement trois ans de plus ; mais la jeunesse ne doit jamais boire qu'après dîner ; ainsi donc je le boirai pour vous, car il ne faut pas perdre les bonnes habitudes, autrement il en arriverait mal. Voici une rasade à votre santé. — Et en même temps il vida un grand verre plein d'eau-de-vie avec le même sang-froid que si c'eût été un verre d'eau. Ainsi regretté et averti de toutes parts, Mordaunt quitta ce toit hospitalier, l'imagination remplie des agrémens qu'il y avait trouvés; et jetant un regard sur l'épaisse fumée qui s'élevait du faîte des cheminées, il se rappela d'abord la solitude inhospitalière d'Iarlshof, fit ensuite le parallèle de l'humeur sombre et mélancolique de son père avec la cordiale franchise des hôtes qu'il quittait, et ne put retenir quelques soupirs.

Les prédictions de Minna ne tardèrent pas à se réaliser. Il y avait à peine trois heures que Mordaunt était en voyage, lorsque le vent, qui avait été si calme dans la matinée, commença à faire entendre des sons plaintifs, comme s'il eût voulu déplorer d'avance les désastres que sa fureur allait causer, semblable à l'homme en démence dans l'état d'accablement qui précède ses accès de rage. Bientôt ces sons se changèrent en mugissemens avec toute la violence des tempêtes du nord. L'ouragan était accompagné de bourrasques, de pluie et de grêle qui semblaient fondre contre les montagnes et les rochers les plus voisins de notre voyageur. Son attention en était distraite malgré tous ses efforts. Il éprouvait une grande difficulté à se maintenir sur le chemin qu'il voulait suivre, dans une contrée où il n'y a ni route ni traces qui dirigent les pas de celui qui s'égare, et auquel de vastes étangs, des lacs et des lagunes opposent des obstacles sans cesse renaissans. Toutes les eaux de l'intérieur des terres se répandaient en larges nappes dont la plupart, soulevées et emportées par les tourbillons, et agitées par les vents, étaient transportées loin des vagues dont elles avaient fait partie; et même le goût salé des gouttes d'eau qui frappaient son visage prouvait à Mordaunt que l'Océan plus éloigné, partageant la fureur de la tempête, mêlait son écume jaillissante aux ondes des lacs et des rivières de l'intérieur du pays.

Au milieu de cet effroyable désordre de la nature, Mordaunt déployait une fermeté courageuse, comme si la guerre avec les élémens lui eût été familière; et, en homme qui n'envisageait ses efforts pour les dompter que comme une preuve de résolution, il sentait, comme il arrive d'ordinaire à ceux qui éprouvent de grands désastres, que la réaction du courage est elle-même une sorte de triomphe élevant l'ame au sublime. Distinguer la route qu'il devait suivre quand les bestiaux avaient été obligés de fuir les montagnes, et les oiseaux le firmament qu'ils habitent, était pour lui la preuve la plus forte de sa supériorité. — On n'entendra pas parler de moi à Burgh-Westra, se disait-il à lui-même, comme on a parlé du vieux Ringan Ewenson, dont la barque coula à fond entre la rade et le quai. Je suis d'une autre trempe; je ne crains ni le feu, ni l'eau, ni les vagues de la mer, ni les fondrières des marécages.

Mordaunt continuait ainsi sa route, sans cesse aux prises avec l'ouragan; et les rochers, les montagnes et les promontoires étant enveloppés d'un sombre brouillard, il suppléait aux signes ordinaires qui servent aux voyageurs à diriger leur marche, par une sagacité d'instinct qu'aidait beaucoup sa connaissance intime des objets les plus minutieux de ces lieux sauvages. C'était donc, nous le répétons, au milieu de ce terrible conflit qu'il avançait lentement, quelquefois s'arrêtant pour respirer, quelquefois même obligé de se coucher au plus fort de la tempête; et, quand ses fureurs se calmaient un peu, il s'ouvrait un passage rapide en suivant le courant; lorsqu'il ne pouvait y réussir, il imitait la manœuvre d'un vaisseau qui par des viremens combinés parvient à se mettre sous le vent; mais jamais Mordaunt ne cédait un pouce du terrain qui lui avait coûté tant de peines et de calculs.

Cependant, malgré son expérience et son courage, sa situation était devenue pénible et même précaire; — ce n'était pas parce que sa jaquette de marin et ses pantalons, vêtement ordinaire des jeunes gens de ces contrées quand ils voyagent, étaient entièrement mouillés; même sans orage, dans un climat si humide, il ne lui aurait pas fallu plus de temps pour éprouver un pareil inconvénient : mais il courait un danger réel que tout son courage ne pouvait pas toujours impunément braver, lorsqu'il lui fallait traverser des torrens qui dispersaient au loin leurs eaux, et s'ouvrir un passage à travers des terrains marécageux qui, noyés sous un déluge de pluie, forçaient à chaque instant le voyageur à faire un long circuit, inutile dans d'autres temps. Mordaunt luttait ainsi avec opiniâtreté contre les vents, la grêle, la pluie et la tourmente, lorsqu'enfin épuisé par la fatigue, et après s'être trompé plus d'une fois de route, il eut le bonheur de découvrir la maison de Stour-Burgh ou d'Harfra, car ces noms étaient donnés indifféremment à la résidence de M. Triptolème Yellowley. Ce personnage était le mandataire choisi par l'intendant (1) des îles Orcades et de Shetland, grand spéculateur qui se proposait, par le moyen de Triptolème, d'introduire dans le Thulé des Romains des innovations dont l'existence, à cette époque encore reculée, était à peine connue dans l'Écosse même.

Mordaunt parvint, non sans peine, à l'habitation de ce digne agriculteur, le seul refuge qu'il pût espérer de trouver dans un rayon de quelques milles. Il alla droit à la porte, dans la pleine confiance d'entrer à l'instant

---

(1) *Chamberlayn*, espèce de gouverneur. — Éd.

sans difficulté; mais quelle fut sa surprise en voyant qu'elle n'était pas seulement fermée au loquet, ce que la rigueur du temps pouvait excuser, mais qu'elle était encore verrouillée, précaution qui, suivant la remarque déjà faite par Magnus Troil, était presque inconnue dans cet archipel! Appeler et frapper à coups redoublés avec un bâton et des pierres, c'était tout ce qu'avait à faire un jeune homme également impatienté par sa lutte contre l'orage et par les obstacles inattendus qui s'opposaient à son admission. Comme on le laissa quelques minutes épuiser sa patience et ses cris, nous allons profiter de ce court intervalle pour informer nos lecteurs de ce qu'était Triptolème Yellowley, et comment il avait reçu un nom si singulier.

Jasper Yellowley, père de Triptolème (quoique né au pied de Roseberry-Topping), s'était chargé, à la sollicitation d'un noble comte d'Écosse, de l'exploitation d'une ferme dans les Mearns, où il est inutile de dire qu'il ne tarda pas à reconnaître que les choses étaient bien différentes des espérances qu'il en avait conçues. Ce fut en vain que le vigoureux fermier employa tous ses moyens et son expérience pour contre-balancer les désavantages d'un terrain froid et humide; peut-être cependant en serait-il venu à bout, si son voisinage des monts Grampiens (1) ne l'avait exposé continuellement aux visites des gentilshommes en plaid de la montagne, qui firent du jeune Norval (2) un guerrier et un héros, mais qui ne purent que réduire le pauvre Jasper Yel-

---

(1) La chaîne des Grampiens, dans le comté de Perth. — Éd.

(2) Voy. le récit de Norval, dans la tragédie de Douglas, par Home. — Éd.

lowley à la besace. Cependant cette fatalité fut en quelque sorte balancée par l'impression que firent sur miss Barbara Clinkscale son teint frais et vermeil et ses formes robustes. Cette miss Barbara était fille du dernier Clinkscale, et sœur du laird actuel de ce nom. On jugea universellement dans le pays que cette union était peu naturelle, et même horrible, vu que la maison de Clinkscale était au moins aussi amplement pourvue de l'orgueil écossais que de la parcimonie proverbialement attribuée à cette nation. Mais miss Baby avait à sa disposition une assez belle fortune de deux mille marcs : c'était une femme de tête et qui, depuis vingt ans, était majeure, et conséquemment *sui juris*, ainsi que le lui certifia l'homme de loi qui dressa le contrat de mariage. Aussi, bravant les commentaires et les conséquences, elle n'hésita pas à donner sa main au fermier du comté d'York. Son frère et ses plus riches parens s'exhalèrent en reproches violens, et désavouèrent formellement une parente qui venait de se déshonorer ainsi. Mais cette maison si orgueilleuse de Clinkscale, semblable à bien d'autres familles écossaises de ces temps-là, avait aussi dans sa parenté un nombre d'alliés qui ne furent pas si difficiles ; c'étaient des cousins au dixième et même jusqu'au seizième degré. Non-seulement ils reconnurent la cousine Barbara après son mariage, mais même ils eurent la condescendance de manger avec le nouveau cousin ses pois et son lard (quoique le lard fût alors autant en abomination chez les Écossais que chez les juifs) ; et ils auraient volontiers consenti à resserrer les liens de l'amitié et de la parenté par l'emprunt de quelque argent, si la bonne dame, qui connaissait le jargon, et flairait le piège aussi bien que la commère la plus déliée des Mearns, n'avait placé son *veto* absolu sur cette tentative à une plus étroite intimité. S'il lui arrivait d'héberger le jeune Deilbelicket, le vieux Dougald Baresword, seigneur de Bandybrawl, et autres, elle savait fort bien trouver l'indemnité de l'hospitalité qu'elle ne croyait pas devoir leur refuser, en se servant utilement d'eux dans ses négociations avec ces braves gens à main légère d'au-delà du Cairn, qui, voyant ceux qu'ils pillaient — devenus les alliés de leurs propres amis, et connus par eux à l'église et au marché, — se contentèrent, par une composition amiable, d'une somme modérée par année.

Ce succès éminent réconcilia l'honnête Jasper à l'empire que sa tendre épouse commençait à prendre sur lui; et ce qui acheva de le consolider, ce fut qu'elle se trouva bientôt en bon chemin pour augmenter sa famille. En cette occasion, elle eut un songe remarquable, comme cela arrive souvent aux femmes avant la naissance d'un illustre rejeton. Elle rêva qu'elle mettait au monde une charrue tirée par trois paires de bœufs du comté d'Angus; et habituellement curieuse d'expliquer de tels présages, elle convoqua ses commères pour examiner ce que ce rêve signifiait. Après beaucoup d'hésitation, le bon Jasper se hasarda de dire que cette vision avait plus de rapport au passé qu'au présent, et qu'elle pouvait avoir été occasionée par la vive impression que sa tendre épouse avait reçue en rencontrant près de sa maison sa grande charrue attelée de six bœufs qui faisaient l'orgueil de son cœur. Cette explication fit jeter les hauts cris à l'assemblée, au point que Jasper quitta précipitamment la salle des délibérations en se bouchant les oreilles.

— Écoutez-le donc, s'écria une vieille femme d'une taille masculine; écoutez-le, avec ses bœufs dont il fait une idole comme du veau de Bethel! Non! non! ce n'est point une charrue selon la chair, que ce bel enfant (car ce sera un beau garçon) se chargera de conduire, il s'agit d'une charrue selon l'esprit, et je suis sûre que nous le verrons un jour prêcher dans la chaire de la paroisse, ou tout au moins sur une montagne.

— Ce n'est rien que tout cela, dit la vieille lady Glenprosing, et je vous réponds qu'il pourra porter la tête plus haut que votre vieux James Guthrie dont vous faites tant d'étalage. Il s'élèvera plus haut, il sera ministre de la paroisse; et quand il deviendrait évêque, qui pourrait en être surpris?

Le gant ainsi jeté par la sibylle fut ramassé par une autre; la controverse s'échauffa, on n'entendit plus que cris; et de l'eau de cannelle distribuée parmi les délibérantes ne produisit d'autre effet que celui de l'huile jetée sur le feu : mais tout à coup Jasper rentra, tenant en main un soc de charrue; sa présence, jointe à la honte de faire tant de bruit *devant l'étranger*, imposa une sorte de crainte et de silence.

On ne peut dire si ce fut par impatience de donner la lumière à un être voué à de si hautes destinées, quoique encore bien incertaines, ou bien si ce ne fut pas plutôt l'effroi que lui causa le fracas épouvantable qui avait eu lieu en sa présence; mais la pauvre Yellowley tomba malade tout à coup, et, contre la formule d'usage, on dit qu'elle l'était beaucoup plus qu'on ne s'y attendait. Elle possédait cependant encore toute sa présence d'esprit, et elle en profita pour tirer de son digne époux les deux promesses suivantes. D'abord que, lors du baptême de l'enfant, dont la naissance allait probablement lui coûter si cher, on lui donnerait un nom qui rappellerait le songe dont elle avait été favorisée, et ensuite qu'on lui procurerait l'éducation nécessaire pour qu'il pût entrer dans l'Église. Le fermier, pensant que sa moitié avait droit, dans un tel moment, de dicter ses volontés, souscrivit sans réflexions à tout ce qu'elle exigea. Un enfant du sexe masculin vit bientôt le jour; mais l'état de la mère ne lui permit pas, pendant quelque temps, de s'informer si la première condition avait été remplie. Dans sa convalescence elle fit des questions, et on lui apprit que, comme on avait jugé indispensable de le baptiser sans délai, il avait reçu le nom de Ttriptolème, et que le curé, qui était un homme d'une grande érudition, avait jugé que ce nom renfermait une belle et classique allusion à la charrue attelée de trois bœufs, et vue par la mère dans un songe. Mistress Yellowley ne parut pas fort enchantée de la manière dont on avait satisfait à sa première condition, et ce ne fut qu'en murmurant un peu contre ce nom païen qu'elle prit son parti, comme dans le cas célèbre de Tristram Shandy, se réservant bien *in petto* d'en contrarier les effets, en donnant à l'enfant qui le portait une éducation qui élèverait son ame au-dessus de la pensée et des instrumens qui avaient rapport au servile métier de la culture des terres.

Jasper, en homme avisé, riait sous cape de ces projets, prévoyant bien que le petit Triptolème ne serait qu'un enfant de la balle, un jovial fermier, qui n'aurait que peu de chose du sang distingué, mais un peu âcre, de la fière maison de Clinkscale. Il remarqua avec une joie secrète que les sons qui réussissaient le mieux à endormir le marmot dans son berceau étaient ceux du sifflet des laboureurs, et que les premiers mots qu'il bégaya furent les noms des bœufs de son étable; de plus, le petit garçon avait un goût décidé pour l'ale brassée à la maison, de préférence à celle des cabarets, à deux sous la pinte; et il ne lâchait jamais le gobelet avec tant de regret que lorsque Jasper avait, par quelque manœuvre de son invention, mis dans les ingrédiens de cette ale une double dose au moins de la portion ordinaire de drêche que sa ménagère accordait avec parcimonie. Ajoutez à cela que quand l'enfant était dans ses accès de vagissemens, le bon père, pour le distraire, s'était avisé d'un expédient qui lui réussit à merveille; c'était de faire sonner une bride à ses oreilles, et tout à coup Triptolème se taisait et se calmait. De tous ces symptômes Jasper concluait avec assurance, mais en secret, que son héritier deviendrait un excellent fermier, et qu'il n'aurait que peu de chose de l'illustre sang de sa digne mère.

Cependant mistress Yellowley, un an après la naissance de son fils, mit au monde une fille que l'on nomma Barbara. On remarqua, dès sa première enfance, qu'elle avait le nez pincé et les lèvres minces, ce que les habitans des Mearns savaient fort bien être des traits caractéristiques de la famille Clinkscale; et, comme à mesure qu'elle avançait en âge on la voyait saisir avec violence et retenir avec obstination les joujoux de Triptolème, outre qu'elle le pinçait, le mordait, et égratignait les gens sans provocation, les observateurs attentifs jugeaient que miss Baby serait toute sa mère. Des gens malins allaient jusqu'à dire que le sang âcre de la maison des Clinkscale n'avait pas été en cette occasion adouci par celui de la vieille Angleterre, que le jeune Deilbelicket faisait des visites bien fréquentes à la famille Jasper; et il leur semblait étrange que mistress Yellowley, qui, comme tout le monde le savait, ne donnait rien pour rien, fût si attentive et si empressée à garnir la table à l'arrivée du jeune homme, et à verser de l'ale à rasade à ce fainéant parasite qui n'avait rien à faire au monde. Mais en considérant la vertu austère et la bonne conduite de mistress Yellowley, on lui rendait généralement pleine justice, ainsi qu'au goût délicat de M. Deilbelicket.

Jusque-là le jeune Triptolème avait reçu du ministre toute l'instruction que celui-ci pouvait lui donner; car, quoique la dame fût de la religion persécutée, son digne époux, édifié par la robe noire et le livre des prières, était toujours attaché aux usages de l'Église établie. On envoya avec le temps le jeune homme à Saint-André, pour y continuer ses études. Il y alla, il est vrai, mais, il faut le dire, de tendres souvenirs ramenaient ses idées vers la charrue de son père. La petite bière du collège ne le consolait pas de la perte des gâteaux et de la bonne ale du toit paternel. Cependant il fit des progrès, et l'on trouva qu'il avait un goût tout particulier pour les auteurs de l'antiquité qui avaient fait de la culture l'objet de leurs savantes recherches. Il entendait passablement les Bucoliques de Virgile, et savait les Géorgiques par cœur; mais, quant à l'Énéide, il n'y avait pas moyen de lui en inspirer le goût, et il montrait même une aversion prononcée pour ce vers célèbre:

Quadrupedante putrem sonitu quatit ungula campum.

parce que, suivant le sens qu'il attachait au mot *putrem*, il pensait que les combattans, dans leur ardeur inconsidérée, galopaient sur un champ nouvellement labouré et fumé. Caton le Censeur était son favori parmi les héros et les philosophes classiques de Rome, non à cause de l'austérité de ses mœurs, mais parce qu'il était l'auteur du traité *de Re rustica*. Il avait toujours dans la bouche cette phrase de Cicéron : *Jam neminem antepones Catoni*. Il aimait assez *Palladius* et *Terentius Varron*, mais Columelle était son livre de poche. A tous ces anciens écrivains il en joignait de plus modernes, tels que Tusser, Hartlib et autres, qui avaient écrit sur l'économie rurale; il n'oubliait pas les Rêveries du berger de la plaine de Salisbury, et ces philomates plus instruits qui, au lieu de charger leurs almanachs de vaines prédictions politiques, dirigeaient l'attention de leurs lecteurs vers une bonne culture, moyen plus sûr de prédire de bonnes récoltes; et qui, sans s'embarrasser de l'élévation ou de la chute des empires, se contentaient d'indiquer les saisons convenables pour semer et recueillir, avec l'indication présumée de la température de chaque mois; comme, par exemple, de la neige en janvier, et des chaleurs en juillet.

Pour revenir à Triptolème Yellowley, le recteur de Saint-Léonard était en général fort satisfait des dispositions tranquilles et studieuses de son élève; il le jugeait même digne de son nom de quatre syllabes d'origine grecque; cependant il n'aimait pas du tout son attention exclusive à ses auteurs favoris. — Avoir continuellement l'esprit tendu vers les différentes natures du sol, le nez baissé sur le terreau, les engrais et le fumier, lui disait-il, cela sent trop la charrue; — et il cherchait à élever son imagination jusqu'à l'histoire, la poésie et la théologie ; mais c'était bien en vain, Triptolème Yellowley était malheureusement entêté dans ses idées. S'il s'occupait de la bataille de Pharsale, c'était moins comme d'un événement dont avait dépendu la liberté du monde, que comme ayant dû procurer une excellente récolte pour l'année suivante, dans le champ où cette bataille s'était donnée. Il n'était pas aisé de lui faire lire un seul vers de notre poésie ; il ne voulait connaître de tous nos poètes que le vieux Tusser (1), dont il savait par cœur, comme nous l'avons déjà dit, beaucoup de passages sur la bonne culture. Il avait acheté d'un colporteur, parce que le titre l'avait flatté, la *Vision du laboureur Piers* (2) ; mais il n'en eut pas lu deux pages, qu'il jeta le livre au feu, comme un libelle politique, impudent et d'un titre menteur. Quant à la théologie, il se résumait à dire à ses professeurs que, depuis la chute de notre premier père, l'homme avait été destiné à labourer la terre, et à gagner son pain à la sueur de son front ; et que, pour son compte, il était résolu à remplir cette tâche de son mieux, laissant aux autres le soin de méditer comme il leur plairait sur les mystères les plus secrets de la religion.

Avec des vues si étroites et son unique penchant

---

(1) Thomas Tusser, né en 1515 dans le comté d'Essex, d'abord choriste de la cathédrale de Saint-Paul, et mort fermier dans le comté de Suffolk ; il a écrit des centons rimés sur l'agriculture.
Éd.

(2) *Plowmann Piers' Vision*, titre impropre d'un ouvrage mystique attribué à Robert Langlande : c'est un des plus vieux poëmes anglais, et des plus chers aux antiquaires. —Éd.

pour les travaux de la vie champêtre, il est douteux que les progrès que Triptolème avait faits dans ses études, ou plutôt que l'usage qu'il se promettait d'en faire, eût beaucoup satisfait les espérances ambitieuses de son affectionnée mère. Il est vrai, pourtant qu'il ne montrait pas de répugnance à embrasser la profession ecclésiastique, qui convient assez bien à l'indolence habituelle des esprits spéculateurs. Il avait en vue, pour parler franc (et plût au ciel que cette vue lui eût été particulière) de cultiver la *glèbe* (1) six jours de la semaine, et de prêcher très-régulièrement le septième : il aurait dîné ce jour-là avec quelque bon Franklin ou laird campagnard, fumé sa pipe, bu à la ronde après le dîner, sans oublier une conférence secrète sur ce sujet inépuisable,

Quid faciat lætas segetes.

Or, pour l'exécution de ce plan, qui d'ailleurs n'indiquait rien de ce qu'on appelle l'essentiel de l'affaire, il fallait posséder une *manse*, c'est-à-dire un presbytère, et de cette possession se tirait nécessairement la conséquence au moins d'un acquiescement à la doctrine épiscopale et aux autres questions hétérodoxes de ce temps-là. Jusqu'à quel point la manse, la glèbe, les dîmes, le salaire et l'argent auraient-ils prévalu sur les préjugés de la mère de Triptolème en faveur du presbytérianisme? — Son zèle n'eut pas le temps d'être mis à une épreuve si terrible : elle mourut avant que son fils eût fini ses études, laissant un époux chéri

(1) La glèbe est le nom qu'on donne en Angleterre aux terres qui dépendent d'un presbytère. — Éd.

dans un désespoir dont il est aisé de se faire une idée. Le vieux Jasper commença par rappeler son fils du collège de Saint-André, pour le seconder dans ses travaux champêtres, c'était le premier acte de son administration domestique, car il était tout simple de supposer que notre Triptolème, appelé à mettre en pratique une théorie étudiée par lui avec tant d'ardeur, aurait été, pour nous servir d'une comparaison qu'il eût jugée brillante, comme une vache lâchée dans un champ de trèfle. Hélas ! faux calculs et espérances trompeuses de l'humanité !

Un philosophe rieur, le Démocrite de notre siècle, comparait un jour la vie de l'homme à une table percée de trous, dont chacun aurait une cheville taillée pour en remplir exactement le vide : mais si vous vous pressez trop et placez les chevilles sans choix, vous causerez inévitablement les méprises les plus grossières : — car combien de fois, continue le philosophe, ne voyons-nous pas la cheville ronde placée dans le trou à trois coins ! — Cette nouvelle manière de rendre compte des caprices de la fortune excita le rire des auditeurs, à l'exception d'un gros et gras alderman qui semblait s'appliquer le cas particulier cité, et prétendait avec force que ce n'était pas là une affaire de plaisanterie. Quoi qu'il en soit, pour appliquer ici cette excellente comparaison, il est clair que Triptolème était sorti de la roue de la fortune au moins cent ans trop tôt. S'il avait paru sur la scène du monde de nos jours, c'est-à-dire depuis trente à quarante ans, il n'aurait pas manqué d'occuper l'important emploi de vice-président de quelque éminente société d'agriculture, et d'en exercer toutes les fonctions sous les auspices de quelque noble duc ou seigneur qui, comme cela aurait pu arriver, aurait ou n'aurait pas connu la différence entre un cheval et une charrette. Il aurait certainement obtenu un pareil poste, car il était versé dans ces détails qui, sans résultat dans la pratique, constituent le connaisseur dans les arts, et surtout dans l'agriculture. Triptolème Yellowley aurait donc dû, nous le répétons, ne figurer sur la scène du monde qu'un siècle plus tard; car, tandis qu'il aurait été, dans ce dernier cas, assis dans un fauteuil, le marteau en main (1) et la rasade de vin de Porto devant lui, offrant à la société le fameux toast à la prospérité et à la bonne éducation du bétail dans toutes ses branches, son père le mit à la tête d'une charrue, et le chargea du soin de diriger ses bœufs, sur l'excellence desquels il aurait, de nos jours, déployé ses talens oratoires, et dont, au lieu de piquer les flancs, il aurait découpé les croupions avec l'habileté d'un écuyer tranchant. Le bon Jasper se plaignait de ce que la ferme ne prospérait pas, quoique son savant fils (qu'il appelait toujours *Tolème*) parlât aussi bien que personne au monde de grains, de farines, de navets, de graine de navette, de jachères et de pâturages. Les affaires empirèrent bien davantage, quand le bonhomme Jasper, accablé d'années, fut enfin obligé d'abandonner les rênes du gouvernement à la science académique de Triptolème.

Mais, comme si la nature lui en eût voulu, le terrain de la ferme qu'il exploitait dans les Mearns était si ingrat, qu'il n'y avait pas moyen de rien tenter de rai-

(1) Attribut du président. — Éd.

sonnable; il produisait tout, à l'exception de ce que le cultivateur voulait avoir; car il y avait force chardons; ce qui indique une terre sèche; — et force fougère, ce qui, dit-on, annonce une couche profonde de terre: enfin on ne manquait pas d'orties, ce qui faisait voir qu'elle avait été autrefois marnée et labourée à fond, même dans les parties où il était peu probable que la charrue eût jamais passé : preuve encore de la tradition populaire d'après laquelle ces mêmes terres auraient été anciennement cultivées par les Peghts (1). Il y avait aussi abondance de pierres pour tenir le terrain chaud suivant la doctrine de quelques fermiers, et un grand nombre de sources d'eau pour le rafraîchir et provoquer la sève, suivant la théorie de quelques autres. C'était en vain que le pauvre Triptolème, agissant tour à tour d'après ces opinions diverses, cherchait à tirer parti des qualités qu'il supposait au sol; il égalait en malheur le pauvre Tusser, dont les *cinq cents recettes de bonne culture* (2), si utiles aux agriculteurs de son temps, ne lui valurent pas à lui la somme de cent pences.

Dans le fait, si l'on en excepte une centaine d'acres de terres encloses, auxquelles Jasper avait reconnu de bonne heure la nécessité de borner ses travaux, il n'y avait pas un coin de la ferme propre à autre chose qu'à briser les instrumens de labour, et à tuer les bestiaux qu'on y aurait employés, et, quant à la partie qui était cultivée avec un profit certain, ce profit était bientôt

---

(1) Les Pictes. — Éd.

(2) *Five hundred points of Good husbandry*, titre de l'ouvrage rimé de Tusser. — Éd

absorbé, d'abord par la culture partielle, ensuite par les dépenses ordinaires de l'exploitation générale, et enfin par les essais que faisait Triptolème. Aussi, quand il parlait de ses garçons de ferme et de ses chevaux, avait-il coutume de dire, en poussant un profond soupir : — Tout cela me dévore; — conclusion qui pourrait bien s'appliquer au plus grand nombre de nos propriétaires fermiers, en faisant la balance de leurs livres de compte à la fin de l'année.

De nos jours, les affaires de Triptolème en seraient venues à une plus prompte terminaison. Il aurait eu un crédit sur une banque, et mis des billets en circulation; il aurait travaillé en grand, puis le shérif n'aurait pas tardé à saisir récoltes, grains, bestiaux, fourrages, et tous les instrumens d'exploitation; mais dans ces vieux temps, il n'était pas si aisé de se ruiner. — Tout ce qu'il y avait de fermiers en Écosse était au même niveau de pauvreté, et il y était extrêmement difficile de s'élever à une hauteur d'où, en tombant, on aurait eu l'occasion de se casser le cou avec quelque éclat. Les fermiers de ces temps-là étaient dans la situation de ceux qui, n'ayant aucun crédit, peuvent bien, il est vrai, être réduits à la misère, mais à qui il est impossible de faire banqueroute. Ajoutons, en revenant à Triptolème, que le mauvais succès de ses plans, et les dépenses qu'ils entraînaient, se balançaient en quelque sorte par la parcimonie extrême de sa sœur mistress Barbara, qui sur ce point n'avait point son égale. Elle aurait réalisé, si la chose eût été possible, l'idée de ce savant philosophe qui disait gravement que le sommeil était un besoin imaginaire, et la faim une pure habitude : ce philosophe paraissait avoir renoncé à l'un et à l'autre; mais on fut désabusé quand, malheureusement pour lui, on découvrit qu'il avait des intelligences avec la cuisinière de la maison, qui lui donnait accès au garde-manger et qui partageait son lit avec lui. Mistress Barbara Yellowley était incapable de pareilles fraudes ; levée de grand matin et se couchant fort tard, elle donnait à ses filles de travail une tâche peut-être un peu trop forte, et elle ne les perdait pas plus de vue dans la journée que le chat à l'affût de la souris. Quant au manger, l'air paraissait être son unique régal, et elle aurait volontiers destiné le même ordinaire à ceux qui étaient sous sa direction. Son frère, indolent dans ses habitudes, mais qui du reste avait un fort bon appétit, n'aurait pas trouvé d'inconvénient à goûter de temps à autre une bouchée de viande, n'eût-ce été que pour savoir si les moutons de sa ferme étaient bons et bien engraissés ; mais s'il se fût aventuré à en faire la proposition à sa sœur, on aurait vu Barbara tressaillir d'effroi, comme s'il n'eût été question de rien moins que de manger un enfant ; au surplus, comme Triptolème était d'un caractère assez simple, il n'eut pas de peine à se résigner à la nécessité d'un carême perpétuel, trop heureux quand il pouvait attraper à la dérobée un petit morceau de beurre pour en dorer son pain d'avoine, ou qu'il pouvait échapper à la nécessité de manger du saumon six jours sur sept, soit dans la saison, soit hors de la saison, car ils vivaient près de la rivière d'Esk. Mais quoique Barbara mît fidèlement en commun toutes les épargnes qu'elle devait à ses grands talens en économie pratique, et que les propriétés de la mère commune eussent passé, du moins en majeure partie, en d'autres mains pour des besoins extrêmes, on vit enfin approcher le terme où il deviendrait impossible à Triptolème de résister plus longtemps à ce qu'il appelait sa mauvaise étoile, et ce que d'autres appelaient le résultat naturel de ses absurdes spéculations. Heureusement, dans cette crise, un dieu descendant du ciel, comme dans nos opéras, accourut à son secours : pour parler plus clairement, ce fut alors que le noble lord, propriétaire de leur ferme, arriva à son château situé dans leur voisinage, dans son carrosse attelé de six chevaux, avec des coureurs, et dans toute la splendeur du dix-septième siècle.

Ce grand personnage se trouvait être précisément le fils du seigneur qui avait fait venir Jasper du comté d'York en Écosse; et le fils était, comme son père, un homme à projets et à plans bizarres. Il avait, au milieu des révolutions du temps, obtenu pour un certain nombre d'années, en paiement d'une certaine rente, la concession des terres qui appartenaient à la couronne dans les îles Orcades et Shetland, ainsi que leur administration sous le titre de lord chamberlayn, et il avait résolu d'en tirer le plus grand revenu possible, en recourant aux meilleurs moyens d'exploitation et d'amélioration. Comme il connaissait un peu notre ami Triptolème, il pensa assez malheureusement que c'était l'homme qu'il lui fallait pour l'exécution de ses plans. Il l'envoya chercher; la conférence s'engagea dans la grande salle du château, et il fut si édifié du génie de notre ami et de ses profondes connaissances dans tout ce qui concernait l'agriculture, qu'il ne perdit pas de temps pour s'assurer de la coopération d'un homme si précieux.

Les arrangemens se firent au gré de Triptolème; celui-ci avait déjà appris, par une longue et coûteuse expérience, que, sans déprécier son mérite ni même douter un moment de ses talens, il ferait aussi bien de laisser tous les frais et tous les risques à la charge du propriétaire. Au fait, les espérances dont il avait flatté la crédulité du lord chamberlayn étaient si séduisantes, que le digne patron repoussa toute idée d'admettre son protégé à aucun partage des bénéfices; car quelque peu avancée que fût alors l'agriculture en Écosse, cet art y était déjà arrivé à beaucoup plus de perfection que dans les régions de Thulé. De son côté, Triptolème se piquait d'être initié dans ses mystères plus avant que tous ceux qui l'exerçaient dans les Mearns. L'amélioration, résultat de ses vastes connaissances, devait donc suivre la même proportion, pour ne rien dire de plus, et les bénéfices immenses appartenir au noble patron, sauf cependant un honnête salaire pour l'intendant, une maison, une ferme, et tout ce qu'il fallait pour l'entretien de sa famille. Barbara ne put cacher ses vifs transports de joie à une semblable nouvelle, car on se trouvait débarrassé de la ferme de Cauldshouthers qui menaçait de faire une mauvaise fin. — Si nous ne pouvions maintenant, disait-elle, fournir à nos dépenses de maison quand tout y entrera et qu'il n'en sortira rien, il faudrait être pires que des infidèles.

Triptolème ne tarda pas à jouer l'important et l'homme affairé; il marchait la tête haute, buvant et se régalant partout; donnant des ordres et faisant une provision des instrumens d'agriculture que devaient employer les naturels de ces îles dont les destinées étaient menacées d'une formidable révolution. Quels instrumens! qu'ils paraîtraient étranges, s'ils étaient présentés aujourd'hui à une de nos sociétés d'agriculture! Mais tout est relatif; l'ancienne charrue d'Écosse semblerait plus étrange à un fermier écossais du temps actuel, que les cuirasses et les casques de l'armée de Cortès ne le seraient de nos jours pour les soldats d'un de nos régimens. Et cependant Cortès a conquis le Mexique; et sans doute ces vieilles charrues auront pu être une amélioration dans l'agriculture de Thulé. On est resté dans une ignorance forcée sur les causes qui avaient déterminé Triptolème à préférer d'aller fixer sa résidence dans les îles Shetland plutôt que dans les Orcades. Peut-être pensait-il que les habitans des premières étaient plus simples et plus dociles que ceux des autres; ou peut-être préférait-il la situation de la ferme qu'il devait occuper, ferme vraiment passable, au même établissement qu'il ne tenait qu'à lui d'avoir à Pomone, nom qu'on donne à la principale des îles Orcades. Triptolème s'établit donc en qualité de facteur, et avec toute l'autorité que donne ce titre, à Harfra, ou, comme on nommait cet endroit, à Stour-Burgh, nom dérivé des débris d'un ancien fort construit par les Pictes, et presque contigu à la maison d'habitation; il arriva résolu à honorer le nom qu'il portait par ses travaux, ses préceptes et son exemple, et non moins décidé à civiliser les habitans des îles Shetland, et à étendre leurs connaissances encore bornées dans les arts primitifs de la société humaine.

CHAPITRE V.

> « Le vent venait du nord, et la bise était forte.
> » Le bonhomme à sa femme, en soufflant dans ses doigts,
> » Dit : — Lève-toi, ma chère, et va fermer la porte :
> » — J'ai maintenant, dit-elle, à lier d'autres pois :
> » Si tu veux la fermer, vas-y toi-même, alerte,
> » Ou bien elle pourra cent ans rester ouverte. »
>
> *Ancienne chanson.*

Nous espérons que le lecteur indulgent n'aura pas trouvé trop ennuyeuse la dernière partie du chapitre précédent ; à tout événement, son impatience n'aura pas égalé celle du jeune Mordaunt Mertoun. Qu'on se le représente impatient d'entrer dans la vieille maison d'Harfra, frappant à coups redoublés à la porte, appelant à grands cris, tandis que les éclairs et les éclats du tonnerre se succédaient avec une rapidité effroyable, que les vents se déchaînaient avec fureur dans des directions opposées, et que, pour mettre le comble à cet épouvantable ouragan, des torrens de pluie venaient inonder l'infortuné voyageur. Il lui semblait difficile d'imaginer aucune circonstance qui pût faire excuser le refus d'un asile à un étranger, par un temps si affreux. A la fin, voyant que ses cris et le vacarme qu'il avait fait au dehors ne produisaient aucun effet, il s'imagina de reculer à une distance d'où il lui fût possible de reconnaître les cheminées; et quel fut son découragement quand, à travers la sombre obscurité d'un ciel orageux, il découvrit que, quoiqu'il fût près de midi, heure ordinaire du dîner dans le pays, il n'en sortait point de fumée; ce qui aurait au moins indiqué qu'on préparait le repas dans l'intérieur.

Cette observation changea aussitôt son impatience en alarme et en compassion pour les habitans de la maison; car, accoutumé depuis si long-temps à la généreuse hospitalité des habitans des îles Shetland, il lui vint subitement à la pensée qu'il était arrivé à cette famille quelque étrange calamité; il se mit donc l'esprit à la torture pour découvrir quelque endroit par où il pourrait pénétrer dans la maison, afin de s'assurer de la situation de ceux qui l'habitaient, plus encore que pour y chercher un asile toujours plus nécessaire contre l'orage : cependant ses inquiétudes à cet égard étaient aussi inutiles que l'avaient été ses premières tentatives. Triptolème et sa sœur, qui avaient entendu le bruit, s'étaient déjà querellés pour savoir s'il convenait ou non d'ouvrir la porte.

Mistress Baby, telle que nous l'avons déjà peinte, n'avait pas des dispositions très-prononcées pour la pratique de l'hospitalité. Elle avait été, dans la ferme des

Cauldshouthers, dans les Mearns, l'effroi de ces hardis mendians qui courent de porte en porte, des colporteurs, des Égyptiens et des parasites de toute espèce; et parmi tous ces rôdeurs, pas un seul, comme elle s'en vantait, n'avait été assez adroit pour avoir jamais entendu le son du loquet de sa porte. Ignorant complètement l'honnête simplicité de toutes les classes des habitans des îles de Shetland, où elle et son frère venaient de fixer leur domicile, Baby, par crainte, méfiance et parcimonie, avait adopté le parti de tenir la porte fermée à tout venant qui ne lui serait pas parfaitement connu. Pour Triptolème, c'était plutôt par peur que par tout autre motif, car il n'était ni méfiant, ni avare; il savait bien que les honnêtes gens étaient rares, et surtout les honnêtes fermiers, mais il avait une bonne dose de cette sagesse qui fait envisager comme la première loi de la nature le sentiment de sa propre conservation. Ces explications étaient nécessaires pour donner la clef du dialogue qui avait eu lieu entre le frère et la sœur.

— A présent tout va à souhait, dit Triptolème tout en feuilletant le vieux Virgile qu'il avait rapporté du collège de Saint-André. Voilà un beau jour pour l'orge :

Ventis surgentibus,

disait fort bien le poète de Mantoue ; — et puis les vents des montagnes, — leurs mugissemens, et le fracas des vagues venant expirer sur le rivage. — Mais où sont les bois? Baby, dites-moi donc où sont les bois; où trouverons-nous dans ce nouvel établissement le *nemorum murmur?*

— Êtes-vous fou, mon frère? lui répondit Baby tournant tout à coup sa tête d'un recoin noir de la cuisine où elle était occupée de ces travaux de ménage qui n'ont pas de nom.

Son frère, qui s'était adressé à elle plutôt par habitude que par intention, n'eut pas plus tôt vu son nez rouge et effilé, ses yeux gris et perçans, et les traits analogues de son visage ombragés par les mèches pendantes de sa bizarre et antique coiffure, qu'il s'aperçut que sa question ne lui avait pas été agréable; et il eut une autre bordée avant de pouvoir remettre le même sujet sur le tapis.

La sœur Baby s'avançant alors au milieu de sa cuisine : — Pourquoi donc, M. Yellowley, lui dit-elle, m'interrompez-vous de la sorte, quand vous me voyez occupée des soins de votre ménage?

— Ma foi, pour rien du tout, Baby, lui répliqua Triptolème; je me parlais à moi-même; je disais que nous ne manquions ici ni de mers, ni de vents, ni de pluies; mais où est donc le bois, Baby? répondez à cela.

— Le bois! dit Baby; si je n'en étais pas plus soigneuse, mon frère, il n'y en aurait pas plus à la maison qu'il ne s'en trouve sur la tête à perruque que vous portez sur vos épaules. Si vous voulez parler des débris de bois de naufrage que les garçons de ferme ont rapportés hier, j'en ai employé ce matin six onces pour faire bouillir votre *parritch* (1); quoiqu'un homme d'ordre, qui aurait voulu absolument déjeuner, aurait mieux fait de prendre un peu de *drammock*, que de gaspiller du bois et de la viande dans la même matinée.

(1) Espèce de pouding écossais. — Tr.

— C'est-à-dire, répliqua Triptolème qui était quelquefois un peu goguenard, c'est-à-dire que, quand nous avons du feu, il faut se passer de manger, et que quand nous avons à manger, il faut se passer de feu, ces denrées étant d'un trop haut prix pour en jouir le même jour ? C'est vraiment fort heureux que vous n'alliez pas jusqu'à proposer de nous faire crever de faim et de froid tout à la fois, et, comme disent les auteurs latins, *unico contextu*. Mais pour parler franc, ma sœur, vous ne parviendrez jamais à me faire manger du gruau cru détrempé dans de l'eau. Appelez-le drammock ou *crowdie* (1), mes alimens doivent passer par les épreuves de l'eau et du feu.

— Vous n'en êtes que plus sot, dit Baby ; ne pourriez-vous pas, puisque vous êtes si délicat, manger votre gruau chaud le dimanche, et froid le lundi à votre souper? Il y a tant de gens qui vous valent bien qui se lèchent les lèvres après un tel régal!

— Grand merci, ma sœur, répondit Triptolème; à ce prix-là, adieu les champs; plus de charrue, plus de travail, il ne me reste qu'à attendre dans mon lit le coup de la mort. Il y a dans la maison plus de provisions qu'il ne s'en mange dans ces îles pendant toute une année, et vous me reprochez un malheureux plat de parritch chaud, à moi qui ai tant de besogne!

— Chut! chut! peste du babil! taisez-vous, s'écria Baby en regardant autour d'elle d'un air effaré; il est bien prudent de parler de ce qu'il y a dans la maison, et vous êtes bien l'homme qu'il faut pour en avoir soin. Écoutez : j'entends frapper à la porte; oui, l'on frappe, aussi vrai que je vis de pain.

(1) Nom écossais du gruau. — Éd.

— Eh bien! allez ouvrir la porte, Baby, lui dit son frère qui n'était pas fâché que quelque chose mît fin à la dispute.

— Allez l'ouvrir! répéta Baby moitié en colère, moitié effrayée, et moitié triomphante de la supériorité d'intelligence qu'elle s'attribuait sur son frère; allez l'ouvrir! Est-ce pour donner à des voleurs l'occasion de nous prendre tout ce que nous avons dans la maison?

— Des voleurs! s'écria Triptolème, il n'y en a pas plus dans ce pays qu'il n'y a d'agneau à Noël : je vous l'ai déjà dit cent fois, Baby, il n'y a pas ici de montagnards pour venir nous tourmenter; c'est une terre de tranquillité et d'honnêteté. *O fortunati nimium!*

— Et quel bien pourra vous faire saint Rinian? lui dit Baby, prenant la citation latine pour une invocation catholique. D'ailleurs, s'il n'y a pas ici de montagnards, il y a bien des gens qui ne valent pas mieux. J'ai vu hier passer six ou sept jeunes vauriens qui n'avaient pas meilleure mine que ceux qui venaient d'au-delà de Clochnaben; ils avaient en mains de ces vilains outils qu'ils appelaient des couteaux pour dégraisser les baleines; mais ils avaient bien l'air de mendians; ils leur ressemblaient du moins par le costume : d'honnêtes gens n'ont pas de ces outils-là.

Mordaunt, durant cette dispute, continuait de crier et de frapper, et on l'entendait fort bien en dedans, quoique l'ouragan fût plus terrible que jamais. Le frère et la sœur étaient réellement alarmés, et se regardaient d'un air d'inquiétude. — S'ils ont entendu parler d'argent, nous voilà perdus sans ressource, dit Baby dont la frayeur avait fait changer le nez du rouge au bleu.

— C'est bien vous à présent, observa Triptolème,

qui parlez quand vous devriez vous taire. Allez tout de suite à la fenêtre, et voyez combien ils sont, tandis que je vais charger ma canardière d'Espagne; allez aussi doucement que si vous marchiez sur des œufs.

Baby s'achemina toute tremblante vers la fenêtre, et revint dire qu'elle n'avait vu qu'un jeune homme qui criait et faisait du tapage comme s'il était sourd; mais qu'elle ne pouvait assurer combien il y en avait qui ne se montraient pas.

— Qui ne se montrent pas! Sottise! dit Triptolème en mettant de côté, d'une main tremblante, la baguette dont il se servait pour charger son arme : je réponds qu'on ne peut ni les voir ni les entendre; c'est sans doute quelque pauvre diable qui aura été surpris par l'orage, et qui demande un abri et quelques rafraîchissemens; ouvrez la porte, Baby, vous ferez une action chrétienne.

— Une action chrétienne! mais en est-ce une, répondit Baby poussant un cri perçant, que d'entrer par la fenêtre? En effet, Mordaunt venait de forcer une fenêtre et d'entrer dans l'appartement, aussi trempé qu'une divinité des eaux. Triptolème, consterné et abattu, lui présentait l'arme meurtrière qu'il n'avait pas encore chargée, lorsqu'à l'instant Mordaunt s'écria :
— Arrêtez! arrêtez! de quoi vous avisez-vous de tenir vos portes ainsi verrouillées par un pareil temps; et quel démon peut vous inspirer de menacer d'un fusil les gens qui vous demandent un abri, comme si c'étaient des veaux marins.

— Mais qui êtes-vous, l'ami, et que voulez-vous? lui répondit Triptolème en appuyant par terre la crosse de son fusil et reprenant ainsi l'usage de ses bras.

— Ce que je veux! s'écria Mordaunt : tout ce qui m'est nécessaire ; à manger, à boire, du feu, un lit pour la nuit, et un cheval pour me conduire demain matin à Iarlshof.

— Et vous disiez, mon frère, dit Baby à demi-voix d'un ton de reproche, qu'il n'y a dans ce pays ni vauriens ni voleurs? Et avez-vous jamais entendu un homme déguenillé du Lochaber dire plus effrontément ce qu'il veut et pourquoi il vient? L'ami, ajouta-t-elle en s'adressant à Mordaunt, ramassez vos quilles, et continuez votre chemin ; c'est ici la demeure du facteur du lord chamberlayn, et non une auberge pour des mendians de votre espèce.

Mordaunt, riant de la simplicité de cette requête, lui dit : — Moi abandonner un abri par une telle tempête! vous me prenez donc pour un oison, puisque vous vous imaginez que vous allez me chasser d'ici en battant des mains et en criant à tue-tête comme une folle?

— Ainsi donc, jeune homme, dit Triptolème d'un air grave, vous vous proposez de rester chez moi *volens nolens*, c'est-à-dire bon gré mal gré.

— Oui, certainement! répondit Mordaunt ; quel droit avez-vous de vous y opposer? Est-ce que vous n'entendez pas le tonnerre et la pluie? est-ce que vous ne voyez pas les éclairs? Vous ne savez donc pas que c'est ici la seule maison, dans un rayon de quelques milles, où je puisse me mettre à l'abri? Allons, mon bon monsieur et ma bonne dame, vos plaisanteries pourraient avoir cours en Écosse ; mais cette monnaie-là sonne mal aux oreilles dans nos îles. — Vous avez laissé éteindre le feu ; mes dents claquent de froid ; — j'aurai bientôt mis ordre à tout cela.

En effet, il se saisit des pincettes, remua les cendres du foyer, et rendit la vie à quelques restes de tourbe que la bonne ménagère avait calculé devoir conserver encore bien des heures les germes du feu sans les laisser paraître. Jetant ensuite les yeux autour de lui, il aperçut dans un coin la provision de bois, présent fait par la mer et les vents, dont Baby ne se servait qu'en le pesant; il en mit au feu deux ou trois gros morceaux; le foyer, peu accoutumé à une telle fête, envoya dans la cheminée un volume de fumée tel qu'on n'en avait pas vu à Harfra depuis long-temps.

Tandis que cet hôte importun se mettait ainsi à l'aise sans avoir besoin d'attendre une invitation, Baby harcelait son frère, et le pressait de le mettre à la porte. Mais Triptolème ne se sentait ni envie ni courage pour une telle entreprise, et de plus, les apparences ne semblaient pas promettre qu'il aurait aisément le dessus sur le jeune étranger, s'il osait lui chercher querelle. Les membres vigoureux et les formes gracieuses de Mordaunt se laissaient apercevoir avec avantage à travers son vêtement simple; il avait les yeux vifs, la tête bien faite, les traits animés, une chevelure noire, touffue et bouclée; aussi formait-il un contraste frappant avec l'hôte chez lequel il était entré de vive force. Triptolème était un homme de petite taille, gauche, à jambes de canard, et son nez retroussé semblait annoncer, par la couleur de cuivre qui en ornait le bout, que l'honnête cultivateur n'était pas toujours ennemi de Bacchus. Les chances n'étaient donc pas égales entre deux champions si différens de taille et de force, et la différence d'âge n'ajoutait rien en faveur du plus faible; d'ailleurs le facteur était au fond un honnête et digne homme, et dès qu'il eut reconuu que son hôte n'avait pas d'autre intention que de se procurer un asile contre la tempête, il aurait été le dernier, malgré les instigations de sa sœur, à refuser un service si raisonnable et si indispensable à un jeune homme dont l'extérieur était aussi prévenant. Il se mit donc à réfléchir comment il pourrait se revêtir du caractère de maître de maison ami de l'hospitalité, et se dépouiller de celui de grossier défenseur de ses dieux pénates contre un jeune homme qui s'était introduit chez lui sans son autorisation. Baby, qui avait d'abord été rendue muette par l'extrême familiarité du jeune homme, par son langage et sa conduite, prit alors la parole à son tour.

— Vous n'êtes pas honteux, lui dit-elle, de faire un pareil feu, et de vous chauffer avec notre meilleur bois? il paraît que ce n'est pas de la méchante tourbe qu'il vous faut; vous ne voulez rien moins que le meilleur chêne.

— Vous avez eu ce bois à peu de frais, bonne dame, repartit vivement Mordaunt, et vous ne devriez pas me reprocher un feu dont la mer vous fournit gratis les matériaux. Ces bons morceaux de chêne ont fait leur devoir sur terre et sur mer; ils ne pouvaient plus rester unis sous les braves marins qui conduisaient le navire.

— Cela est vrai, dit la vieille femme en s'adoucissant, il ne doit pas faire bon sur mer à présent; eh bien, asseyez-vous, chauffez-vous, et, puisque le bois brûle, profitez-en.

— Oh oui, dit Triptolème, c'est un plaisir de voir un si bon feu; cela ne m'était pas arrivé depuis que j'ai quitté les Mearns.

— Et nous n'en reverrons pas de si tôt un pareil, dit Baby, à moins que la maison ne prenne feu, ou qu'on ne découvre quelque mine de charbon.

— Et pourquoi, dit le facteur d'un air triomphant, ne découvrirait-on pas une mine de charbon aussi bien dans les îles Shetland que dans le comté de Fife, actuellement que le chamberlayn a un homme avisé et intelligent sur les lieux, pour y faire les recherches nécessaires? La pêche n'est-elle pas également bonne des deux côtés?

— Il faut que je vous dise ce que je pense, mon frère, répondit la sœur, à qui l'expérience avait appris qu'il fallait se méfier des fausses spéculations de son frère; si vous mettez ces beaux projets dans la tête de milord, nous ne serons pas plus tôt établis ici, qu'il nous faudra en déloger; et, si l'on vous parlait de la découverte d'une mine d'or, je connais quelqu'un qui se promettrait d'avoir des pièces de Portugal bien sonnantes dans sa poche avant que l'année fût finie.

— Et pourquoi non? dit Triptolème; vous ne savez peut-être pas qu'il y a dans les Orcades une terre qu'on appelle Ophir, ou quelque chose de semblable? Et pourquoi Salomon, ce sage roi des Juifs, n'y aurait-il pas envoyé chercher 450 talens dans ses vaisseaux, par ses serviteurs? Je m'imagine que vous avez foi à la Bible, Baby?

Cette citation de l'Écriture sainte, quoique faite mal à propos, en imposa à Baby; elle se tut, et ne répondit que par un murmure de dédain; alors Triptolème s'adressa à Mordaunt:

— Vous verrez tous un jour quels changemens opèreront l'or et l'argent, même dans un pays aussi ingrat que le vôtre. Je gage que vous ne connaissez pas de mines de cuivre ou de fer dans ces îles? Mordaunt fit la remarque qu'il avait entendu parler de mines de cuivre près des rochers de Konigsburgh. — Eh bien continua le facteur, il y en a aussi vers le lac de Swarna, jeune homme; mais vous autres jeunes gens vous croyez pouvoir lutter avec un homme qui a mon expérience.

Baby, pendant cette conversation, n'avait pas été une minute sans examiner de près Mordaunt. Tout à coup elle s'adressa à son frère d'une manière vraiment inattendue.

— Vous feriez mieux, M. Yellowley, lui dit-elle, de prêter à ce jeune homme des habits secs, et de voir ce qu'on peut lui donner à manger, au lieu de nous ennuyer de vos longues histoires, comme si un pareil temps n'était pas suffisamment ennuyeux; et peut-être ce jeune homme serait bien aise de boire un peu de *bland* (1) ou quelque autre chose, si vous aviez la politesse de lui en offrir.

Triptolème, qui était bien loin de s'attendre à une pareille proposition, en resta stupéfait, et Mordaunt répondit : — Je serais charmé de changer d'habits et de linge, mais je vous prie de m'excuser, je ne boirai rien que je n'aie mangé quelque chose.

Triptolème le conduisit en conséquence dans un autre appartement où il lui donna quelques vêtemens; et, après l'avoir laissé seul pour s'arranger lui-même, il reprit le chemin de la cuisine, fort intrigué et ne sachant comment s'expliquer à lui-même l'accès extraordinaire d'hospitalité de sa sœur; il faut qu'elle soit

---

(1) Boisson faite avec du lait aigri. — Éd.

fey (1), dit-il; en ce cas, elle n'aurait pas long-temps à vivre, et quoique je sois son héritier, je serais réellement fâché de la perdre, car elle gouverne fort bien la maison; elle tient la sangle un peu trop serrée de temps en temps, cela est vrai, mais la selle n'en est que plus ferme.

Triptolème trouva ses soupçons confirmés, car sa sœur était occupée, chose inconcevable! à mettre au pot une oie fumée qu'elle venait de dépendre de la large cheminée où l'oiseau avait séjourné long-temps avec plusieurs autres; et elle disait entre ses dents : Il — faut bien la manger tôt ou tard, et pourquoi le pauvre garçon n'en aurait-il pas sa part ?

— Que faites-vous donc là, ma sœur ? lui dit Triptolème; une oie au feu ! Quelle fête célébrez-vous donc aujourd'hui ?

— Une fête semblable à celle que célébrèrent les Israélites délivrés de la servitude des Égyptiens. Vous ne savez donc pas qui vous avez chez vous en ce moment?

— Ma foi non répondit Triptolème, je ne le sais pas plus que je ne reconnaîtrais un cheval que je n'aurais jamais vu. Je prendrais le jeune homme pour un marchand forain, si ce n'est qu'il a trop bonne mine et qu'il n'a pas de balle.

— En ce cas, vous n'y voyez pas mieux que vos

---

(1) Quand il se fait un changement subit dans l'état d'une personne; si, par exemple, un avare devient tout à coup libéral, ou une femme, de revêche qu'elle était, enjouée et gaie, on dit en Écosse qu'elle est *fey* ; c'est-à-dire qu'elle est prédestinée à une mort prochaine, dont de tels changemens sont considérés comme les signes certains. — Éd.

bœufs noirs. Mais si vous ne connaissez pas qui vous avez chez vous, connaissez-vous Tronda Dronsdaughter?

— Tronda Dronsdaughter! reprit Triptolème; et comment ne la connaîtrais-je pas, quand je lui paie par jour deux sous d'Écosse pour travailler dans notre maison, et encore travaille-t-elle comme si l'ouvrage lui brûlait les doigts. J'aimerais mieux donner quatre sous anglais à une fille d'Écosse.

— Voilà ce que vous avez encore dit de mieux dans cette heureuse matinée. Eh bien, Tronda connaît fort bien ce jeune garçon, et elle m'en a souvent parlé. On appelle son père l'homme silencieux de Sumburgh, et l'on dit que c'est un porte-malheur.

— Allons donc, sornettes que tout cela! mais voilà comme ils sont tous dans ce pays. Avez-vous besoin d'en obtenir un jour de travail, ils ont marché sur une herbe qu'ils appellent *tang*, ou ils ont rencontré quelqu'un qui leur porte malheur, ou ils ont tourné la proue de leur barque vers le soleil, et il faut qu'ils restent les bras croisés toute la journée.

— A la bonne heure, mon frère, à la bonne heure; si vous êtes si savant, c'est parce que vous avez attrapé quelques mots de latin à Saint-André; mais êtes-vous capable de me dire ce qu'il a autour de son cou!

—Un mouchoir de Barcelonne, qui était aussi mouillé qu'un plat qu'on vient de laver, et je viens de lui en prêter un des miens.

— Un mouchoir de Barcelonne! dit Baby élevant la voix et la baissant tout à coup, comme si elle eût craint d'être entendue; je vous parle d'une chaîne d'or.

—D'une chaîne d'or! dit Triptolème.

— En vérité, une chaîne d'or. Qu'en pensez-vous? Il y a des gens qui disent, et Tronda le prétend aussi, que le roi des Drows l'avait donnée à son père, l'homme silencieux de Sumburgh.

— Je voudrais que vous parlassiez raison, ou que vous fussiez vous-même la femme silencieuse. Au surplus, la fin de tout cela, c'est que ce jeune garçon est le fils du riche étranger de Sumburgh, et que vous lui donnez l'oie que vous deviez garder pour la Saint-Michel.

— Mon frère, nous devons faire quelque chose pour l'amour de Dieu et pour nous faire des amis; et ce jeune homme, ajouta-t-elle, a une belle figure. Car elle n'était pas tout-à-fait au-dessus des préjugés de son sexe en faveur des jolis garçons.

— Vous laisseriez plus d'un joli garçon frapper à la porte de la maison sans la leur ouvrir, s'ils n'avaient pas de chaîne d'or, dit Triptolème.

— Sans doute, répliqua Barbara, sans doute. Seriez-vous content de me voir prodiguer ce que nous avons au premier vagabond qui passerait par ici un jour de mauvais temps? Mais ce jeune homme est bien connu; il est considéré dans le pays; Tronda dit qu'il va se marier avec une des deux filles du riche Udaller Magnus Troil, et que le jour du mariage sera fixé quand il aura fait son choix et qu'il se sera déclaré pour l'une d'elles; ce serait d'ailleurs compromettre notre réputation et notre repos que de le renvoyer sans l'avoir bien reçu, quoiqu'il soit venu sans invitation.

— La meilleure raison que je sache, dit Triptolème, pour garder quelqu'un chez soi, c'est de ne pas oser lui dire de sortir. Cependant, puisqu'il existe en cette île un homme de qualité, je vais lui faire connaître à qui il a affaire. Puis s'avançant vers la porte : *Heus! tibi, Dave!* s'écria-t-il.

— *Adsum*, me voici, répondit le jeune homme en entrant dans l'appartement.

— Hem! dit l'érudit Triptolème; je vois qu'il a fait ses humanités; mais je vais l'éprouver encore. Connaissez-vous quelque chose en agriculture, jeune homme?

— Ma foi, monsieur, répondit Mordaunt, j'ai été élevé à labourer sur la mer, et à faire la moisson sur la crête des rochers.

— Labourer la mer! on fait là des sillons sur lesquels la herse n'a guère besoin de passer; quant à votre récolte sur les rochers, je suppose que vous voulez parler de ces *scowries*, n'importe comment vous appelez les herbes que vous allez y cueillir. C'est une sorte de récolte que le Rauzellaer devrait défendre positivement : rien n'est plus propre à faire briser les os d'un honnête homme. J'avoue que je ne conçois pas quel plaisir on peut prendre à rester suspendu au bout d'une corde entre le ciel et la terre ; pour mon compte, j'aimerais autant que l'autre bout de la corde fût attaché à un gibet; je serais sûr au moins de ne pas tomber.

— Eh bien, je vous conseille d'en essayer, repartit Mordaunt; croyez-moi, il y a peu de situations dans le monde où l'on éprouve de plus grandes sensations que lorsqu'on est perché au milieu des airs, entre un roc escarpé et très-élevé, et une mer mugissante, soutenu par une corde qui paraît à peine plus forte qu'un fil de soie, et le pied appuyé sur une pierre si étroite qu'une mouette pourrait à peine s'y reposer. — Savoir que vous courez tous ces dangers, et être pénétré de la pleine assurance que votre agilité et votre présence d'esprit suffiront pour votre sûreté dans cette périlleuse position, comme si vous aviez les ailes d'un faucon, c'est en vérité être presque indépendant de la terre sur laquelle vous marchez.

Triptolème stupéfait ouvrait de grands yeux à cette description enthousiaste d'un amusement qui avait fort peu de charmes pour lui, et sa sœur, non moins confondue, les yeux fixés sur les traits animés de Mordaunt, s'écria en admirant la noble contenance du jeune aventurier : — Sur ma foi, jeune homme, vous êtes un brave garçon.

— Un brave garçon ! répliqua Triptolème, et moi je dis, un brave oison, volant et se trémoussant au milieu des airs, au lieu de rester *in terrâ firmâ*. Mais allons, voici une oie qui viendra plus à propos si elle est bien cuite ; — des assiettes et du sel, Baby ; mais au fait, elle sera assez salée ; ce sera un morceau friand. Je crois que les habitans de ce pays sont les seuls au monde qui courent de tels risques pour attraper des oies, et les seuls qui songent à les faire bouillir.

— Oh certainement ! reprit sa sœur, et c'était la première fois de la journée qu'ils étaient d'accord, on ne trouverait ni dans le comté d'Angus ni dans les Mearns une ménagère qui fît bouillir une oie, tant qu'il y aurait des broches au monde. Mais qui est-ce qui nous arrive encore? dit-elle en regardant avec consternation vers la porte. Ma foi, ouvrez la porte, et les chiens n'ont plus qu'à entrer. Et qui est-ce donc qui l'a ouverte?

— C'est moi, répliqua Mordaunt ; vous ne voudriez pas qu'un pauvre diable restât par un temps si affreux à frapper à votre porte, qui s'ouvre difficilement, à ce qu'il paraît. Mais voici quelque chose qui va nous servir à entretenir le feu, ajouta-t-il en prenant une barre de chêne avec laquelle on barricadait la porte, et en la jetant dans le foyer. Dame Baby se hâta de la retirer :

— Ce morceau de bois est un présent de la mer, s'écria t-elle d'un ton indigné; il n'y en a guère d'autre ici, et il ne le ménage pas plus que si c'était un vieux morceau de sapin. Et qui êtes-vous, s'il vous plaît? demanda-t-elle au nouveau venu en se tournant vers lui; un mendiant aussi effronté que j'en aie jamais vu.

— Je suis un marchand forain, madame, répondit l'étranger qui s'était invité lui-même, homme qui avait l'air grossier et commun, et qui semblait être un colporteur, qu'on appelait un *Jagger* dans ces îles. — Jamais, ajouta-t-il, je n'avais voyagé par un temps si affreux; jamais je n'avais tant désiré de trouver un abri. Dieu soit loué de m'avoir procuré bon feu et bon gîte! Tout en parlant ainsi, il approcha du feu un vieux tabouret, et s'assit sans plus de cérémonie.

Baby le regardait comme un faucon regarde sa proie, et songeait à exprimer son indignation plus chaudement par des paroles. L'oie qui était au feu lui semblait une bonne occasion, quand une vieille domestique, à moitié morte de faim, digne compagne des soins domestiques de Baby, et qui jusque-là s'était tenue à l'écart dans quelque coin de la maison, entra en clopinant dans la chambre, et débuta par une exclamation sinistre, présage de quelque nouveau malheur.

— O mon maître! ô ma maîtresse! furent les seules paroles qu'elle put articuler pendant quelque temps;

mais elles furent enfin suivies de celles-ci : — Le meilleur de tout ce qu'il y a dans la maison, oui, le meilleur, tout ce qui s'y trouve, et il y en aura à peine assez ; voilà la vieille Norna de Fitful-Head, la femme la plus redoutée de ces îles.

— D'où vient-elle? et où peut-elle avoir été? demanda Mordaunt, qui semblait partager en partie la surprise sinon la frayeur de la vieille domestique ; — mais c'est une demande inutile à faire. Plus le temps est mauvais, plus il est probable de la trouver en voyage.

— Et que vient faire ici cette mendiante? s'écria Baby, qui était presque au désespoir en voyant arriver successivement tant d'étrangers. Je mettrai bientôt fin à ces courses, je vous en réponds, si le cœur d'un homme bat dans la poitrine de mon frère et s'il y a des carcans à Scalloway.

— Les fers qui pourraient lui servir de carcan, dit la vieille servante, n'ont jamais été forgés sur une enclume. — La voici! la voici! Au nom du ciel, parlez-lui avec douceur et politesse, ou vous verrez une fameuse grêle.

Comme elle parlait ainsi, une femme assez grande pour que son bonnet touchât le haut de la porte entra dans la chambre en faisant le signe de la croix, et en prononçant ces paroles d'une voix solennelle.

— Que la bénédiction de Dieu et de saint Ronald repose sur ceux dont la porte est ouverte, et que leur malédiction et la mienne tombent sur l'avare qui tient la main fermée!

— Et qui êtes-vous, vous qui êtes assez hardie pour bénir et maudire dans la maison des autres? De quel pays êtes-vous, vous qui venez troubler le repos des gens chez eux, de sorte qu'ils ne peuvent être tranquilles une heure, servir le ciel et conserver le peu que Dieu leur a donné, sans être tourmentés par les importunités de rôdeurs et de vagabonds des deux sexes, accourant à la file comme une volée d'oies sauvages?

Le lecteur intelligent a déjà deviné que ce discours était prononcé par mistress Barbara, et on ne peut que conjecturer l'effet qu'il produisit sur la femme qui venait d'entrer; car la vieille servante et Mordaunt s'adressèrent en même temps à la nouvelle venue pour prévenir l'explosion de son ressentiment. La première lui parla en langue norse, d'un air suppliant; et le second lui dit en anglais : — Ce sont des étrangers, Norna, et ils ne connaissent ni votre nom ni votre qualité; ils ne savent pas davantage les usages de ce pays; c'est pourquoi nous devons leur pardonner leur manque d'hospitalité.

— Je ne manque pas d'hospitalité, jeune homme, repartit Triptolème; *miseris succurrere disco*. L'oie qui devait rester pendue dans la cheminée jusqu'à la Saint-Michel est actuellement à bouillir dans le pot pour vous; mais nous en aurions vingt, que probablement nous trouverions assez de bouches pour en avaler jusqu'à la dernière plume. Il faut mettre ordre à cela.

— A quoi faut-il mettre ordre, vil esclave? s'écria Norna en se tournant vers lui avec un air de courroux qui le fit tressaillir; à quoi veux-tu mettre ordre? Apporte ici, si tu le veux, tes socs de charrue de nouvelle invention, tes bêches et tes herses; change, si tu le veux, les outils et les instrumens de nos pères depuis la charrue jusqu'à la souricière ; mais apprends que tu vis sur une terre jadis conquise par les champions à cheveux blonds du Nord, et laisse-nous au moins leur hospitalité, pour faire voir que nous descendons d'ancêtres nobles et généreux. Je te le dis, prends garde à toi : tant que Norna, du sommet de Fitful-Head, parcourra de l'œil l'immense Océan, il restera dans ce pays des moyens de défense. Si les hommes de Thulé ont cessé d'être des champions, et de préparer des banquets aux corbeaux, les femmes n'ont pas oublié l'art qui fit d'elles autrefois des reines et des prophétesses.

La femme qui prononçait cette singulière apostrophe était d'un aspect aussi remarquable qu'elle était fière et extravagante dans ses prétentions et son langage. A considérer ses traits, sa voix et sa stature, elle aurait fort bien représenté sur la scène la Bonduca ou Boadicée des anciens Bretons, la sage Velleda, Aurinia, et toute autre des pythonisses qui conduisaient les anciens Goths aux combats. Ses traits étaient nobles et réguliers, et elle aurait pu passer pour belle sans les ravages du temps et de l'intempérie de l'air ; l'âge et peut-être le chagrin avaient un peu amorti le feu de ses yeux dont l'azur était si sombre qu'il approchait du noir ; la partie de ses cheveux échappée à sa coiffure, et que la violence de la tempête avait mise en désordre, commençait à prendre une teinte de neige. L'eau tombait de sa robe, d'une étoffe grossière de couleur brune, appelée *wadmaal*, alors beaucoup en usage dans l'Islande et dans la Norwège. Mais se dépouillant de cette robe, ou pour mieux dire, de cette espèce de mante, elle laissa voir une petite jaquette de velours d'un bleu foncé, à laquelle était joint un corsage cramoisi, brodé en argent un peu terni. Sa ceinture était garnie d'ornemens d'argent, taillés suivant les formes des signes planétaires. Son tablier, avec une broderie de même genre, couvrait un petit jupon cramoisi. Elle avait une chaussure fort épaisse, faite avec le cuir à demi tanné du pays, et attachée par-dessus des bas d'écarlate avec des courroies qui ressemblaient aux brodequins des anciens Romains. On remarquait à sa ceinture une arme difficile à nommer, et qui, suivant l'imagination du spectateur qui voyait en elle une prêtresse ou une sorcière, pouvait passer pour un couteau à sacrifice ou pour un poignard. Elle tenait à la main une baguette de forme carrée, sur laquelle étaient gravés des figures et des caractères formant un des calendriers portatifs et perpétuels dont se servaient les anciens Scandinaves, et qui, aux yeux des superstitieux, aurait pu passer pour une baguette divinatoire.

Tels étaient le costume, l'air et les traits de Norna de Fitful-Head, qu'une partie des habitans de l'île traitait avec égard, qu'une autre partie craignait, et que presque tous regardaient avec une sorte de respect. Il n'aurait pas fallu, en Écosse, autant de motifs de soupçons pour l'exposer aux recherches de ces cruels inquisiteurs alors investis de l'autorité que leur avait déléguée le conseil privé pour persécuter, mettre à la torture, et finalement livrer aux flammes ceux qui étaient accusés de sorcellerie ou de magie. Mais les superstitions de cette nature passent par trois degrés avant de s'évanouir entièrement. A la naissance des sociétés, ceux qui sont supposés posséder une puissance surnaturelle sont les objets d'une vénération religieuse. A mesure que la religion et les lumières font des progrès, ils inspirent la crainte et la haine, et ils finissent par être regardés comme des imposteurs. L'Écosse se trouvait alors dans la seconde période. On y avait une grande crainte des sortilèges, et une haine violente contre ceux qui en étaient soupçonnés. Quant aux îles Shetland, elles formaient encore un petit monde séparé. La basse classe, la classe grossière y avait conservé toute l'ancienne superstition du Nord, et l'aveugle idolâtrie qu'elle avait reçue de ses pères pour cette science surnaturelle et cette puissance sur les élémens, qui composaient une partie de la croyance des anciens Scandinaves. Au moins, si les naturels de Thulé admettaient qu'une classe de magiciens exécutaient leurs sortilèges par le secours de Satan leur allié, ils croyaient dévotement que d'autres étaient en relation avec des esprits d'une classe différente et moins odieuse; c'étaient les anciens nains qu'on y appelle trows ou drows, les fées modernes et d'autres encore.

Cette Norna, une de ces femmes qu'on supposait liguées avec des esprits immatériels, descendait d'une famille qui depuis un temps immémorial avait eu des prétentions à un don si extraordinaire; c'était en honneur de sa puissance surnaturelle qu'elle avait pris le nom d'une de ces trois sœurs chargées par le destin, dans la mythologie du Nord, de tisser la trame de la vie des hommes. Elle et ses parens prenaient le plus grand soin de cacher celui qui lui avait été donné lors de son baptême; car la superstition avait attaché de fatales conséquences à la découverte de ce nom. Le seul doute qui existât alors à son égard, était de savoir si elle avait acquis par des moyens légitimes le pouvoir qu'on lui supposait. De nos jours, on aurait pu douter si elle trompait les autres, ou si son imagination, profondément frappée des mystères de son art supposé, la trompait elle-même, en lui faisant croire qu'elle possédait réellement des lumières surnaturelles. Un fait certain, c'est qu'elle exerçait son art avec tant de confiance en elle-même, avec une telle dignité de maintien, avec une telle force de langage et d'expression, enfin avec une telle énergie, qu'il aurait été difficile au plus grand sceptique de douter de la réalité de son enthousiasme, malgré le sourire que lui auraient arraché les prétentions qu'il faisait naître.

CHAPITRE VI.

« Si ce fut ton pouvoir qui souleva ces flots,
» Que ton pouvoir les calme...... »
SHAKSPEARE. *La Tempête.*

La tempête avait un peu ralenti sa fureur avant l'arrivée de Norna; autrement il lui aurait été impossible de continuer sa route; mais à peine était-elle entrée dans la chambre, à peine s'était-elle réunie, d'une manière si inattendue, à la compagnie que les circonstances et le hasard y avaient rassemblée, — l'ouragan reprit sa première fureur avec une telle violence, que ceux qui se trouvaient dans la maison ne furent plus sensibles qu'à la crainte de voir cette demeure s'écrouler sur leurs têtes.

Mistress Baby exprima ses terreurs par ces exclamations : — Que le Seigneur nous protège! s'écriait-elle; — ce jour est sûrement le dernier des jours! quel pays de fourbes et d'aventurières est celui-ci! Et vous, vieux fou, ajouta-t-elle, se tournant vers son frère, avec cette aigreur qu'elle montrait en toutes occasions, quel besoin aviez-vous de quitter cette bonne terre des Mearns pour venir dans un pays où d'effrontés mendians et d'impudens vagabonds viennent vous assaillir dans votre maison, pendant que le ciel vous menace de son courroux au dehors?

— Patience, ma sœur Baby, patience, répondit Triptolème, tout cela changera, tout cela s'amendera, excepté, ajouta-t-il entre ses dents, l'humeur acariâtre d'une méchante femelle, capable d'ajouter à la rigueur de la tempête.

Pendant ce temps, la vieille servante et le colpolteur s'épuisaient en supplications auprès de Norna; mais, comme ils lui parlaient en langue norse, le maître de la maison n'y comprenait pas un mot.

Norna les écoutait d'un air dédaigneux et impassible; rompant enfin le silence : — Non, dit-elle d'un ton élevé et en anglais, non je n'en ferai rien. Et qu'importe que cette maison n'offre aux yeux qu'un amas de ruines avant qu'un autre jour renaisse! quel besoin a l'univers du fou à projets et de la vieille avaie qui l'habitent? Ils sont venus dans nos îles pour réformer nos usages; qu'ils apprennent ce que c'est qu'une de nos tempêtes! Que ceux qui ne veulent pas périr sortent de cette maison!

A l'instant le colporteur saisit son havresac et se mit en toute diligence à l'attacher sur ses épaules; de son côté la vieille servante se couvrit de sa mante, et tous deux semblaient se préparer à quitter la maison.

Triptolème Yellowley, un peu inquiet des dispositions qu'il voyait faire, demanda à Mordaunt en bégayant, et d'une voix qui annonçait son trouble, s'il

9

croyait qu'il y eût quelque danger, c'est-à-dire tant de danger.

— Je ne puis le dire, répondit le jeune homme ; je ne crois pas avoir jamais vu une pareille tempête. Norna peut mieux nous dire que personne quand elle s'apaisera, car personne dans ces îles ne se connaît au temps comme elle.

— Et c'est là tout ce dont tu crois Norna capable ! dit la sibylle ; tu vas apprendre que sa puissance n'est pas si limitée. Écoute-moi, Mordaunt, jeune homme venu d'une terre étrangère, mais dont le cœur est humain, quitte cette maison condamnée avec ceux qui se préparent à en sortir.

— Je n'en ferai rien, Norna, répliqua le jeune homme ; je ne sais par quel motif vous me donnez ce conseil, mais ces sinistres menaces ne me feront pas abandonner une maison où j'ai été bien accueilli pendant une tempête aussi épouvantable. Si les propriétaires sont étrangers à nos usages d'hospitalité sans bornes, je leur dois d'autant plus de reconnaissance de s'être relâchés des leurs en ma faveur, et de m'avoir ouvert leur porte.

— Voilà un brave garçon, s'écria mistress Baby, dont les menaces de la prétendue sorcière avaient réveillé les idées superstitieuses, mais qui, à travers un caractère aigre, égoïste et fâcheux, laissait quelquefois entrevoir des lueurs de sentimens plus élevés qui la rendaient capable d'apprécier le désintéressement et la générosité des autres, quoiqu'elle trouvât ces sentimens trop coûteux pour les adopter elle-même à ses dépens. — Voilà un brave garçon, répéta-t-elle, il mériterait dix oies, et je les lui donnerais bouillies ou rôties, si je les avais. Je garantis que c'est là le fils d'un homme bien né, et non d'un rustre.

— Suivez mon avis, jeune Mordaunt, dit Norna, et quittez cette maison. Le destin a de hautes vues sur vous. Il ne faut pas que vous restiez sous ce toit inhospitalier pour être étouffé sous ses ruines avec ses indignes habitans, dont la vie n'est pas plus importante pour le monde, que la joubarbe qui croît sur le chaume qui la couvre, et qui bientôt va se trouver écrasée ainsi que leurs membres mutilés.

— Je... je... je... vais sortir, dit Yellowley, qui, malgré son affectation d'érudition et de sagesse, commençait à être agité par la plus vive inquiétude sur la fatale prédiction; car le bâtiment était vieux, et le vent en ébranlait les murailles d'une manière terrible.

— Et pourquoi donc? dit sa sœur; je pense que le prince des puissances des airs n'a pas un tel pouvoir sur ceux que Dieu a créés à son image, et qu'une bonne maison ne tombera pas sur nos têtes, parce qu'une criarde (ici elle lança un regard de colère sur la magicienne) se sera vantée de la faire écrouler, et aura tenté de nous effrayer par ses vociférations, comme si nous étions obligés de faire les chiens couchans devant elle.

— Je voulais seulement, dit Triptolème, honteux du mouvement qu'il avait fait pour sortir, je voulais seulement jeter un coup d'œil sur mon orge que cette tempête doit avoir renversée; mais si cette brave femme veut rester avec nous, je crois que le mieux serait de nous asseoir tous ensemble tranquillement, et d'attendre que le temps change.

— Brave femme! répéta Baby, dites plutôt une voleuse; puis s'adressant directement à Norna elle-même:

Partez, coureuse, lui dit-elle, sortez promptement d'une maison honnête, ou je consens à perdre mon nom si je ne vous jette ce maillet à la tête.

Norna lui adressa un regard de souverain mépris, puis s'avançant vers la fenêtre, elle se mit à contempler les cieux, et sembla profondément absorbée dans ses méditations. Pendant ce temps, la vieille servante Tronda s'approcha de sa maîtresse et la supplia, au nom de tout ce que l'homme et la femme pouvaient avoir de plus cher, de ne pas provoquer davantage Norna de Fitful-Head. — Vous n'avez pas, lui dit-elle, une femme semblable dans toute l'Écosse; elle peut voyager sur un de ces nuages aussi aisément qu'un homme sur un bidet.

— Je vivrai assez de temps, lui répondit sa maîtresse, pour la voir à cheval sur la fumée d'un baril de goudron, et voilà la monture qui lui convient le mieux.

Norna jeta de nouveau sur Baby en fureur ce regard de mépris que ses traits savaient si bien exprimer, et se retournant vers la partie de la fenêtre qui était au nord-ouest, et d'où le vent paraissait souffler avec furie, elle se tint pendant quelque temps les bras croisés et les yeux fixés sur le ciel couleur de plomb, tant il était obscurci par une masse épaisse de nuages qui, suivant l'impulsion terrible de l'ouragan, ne laissaient que de bien courts intervalles entre chaque explosion de la tempête.

Norna contemplait ce spectacle d'un œil qui semblait familier avec la guerre des élémens; cependant la sévère sérénité de ses traits avait quelque chose d'effrayant, et imposait par un air d'autorité. Son regard ressemblait à celui qu'on peut supposer que jette le cabaliste sur l'esprit qu'il a évoqué ; en effet celui-ci, quoique le magicien sache comment le soumettre à ses enchantemens, intimide encore la faible humanité. L'attitude des hôtes de Triptolème exprimait leurs diverses sensations. Mordaunt, sans être indifférent au danger, éprouvait plus de curiosité que de crainte : il avait entendu parler de la puissance qu'on attribuait à Norna sur les élémens, et il attendait cette occasion pour en juger par lui-même. Triptolème était confondu de ce qui lui semblait passer les bornes de la philosophie ; et pour dire la vérité, le digne cultivateur avait encore plus d'effroi que de curiosité. Quant à sa sœur, il était difficile de juger si ses yeux perçans et ses lèvres serrées annonçaient la colère ou la crainte. Le colporteur et la vieille Tronda, dans la confiance que la maison ne s'écroulerait pas tant que Norna y resterait, se tenaient prêts à partir du moment qu'ils la verraient se diriger vers la porte.

Après avoir passé quelque temps à contempler le ciel sans changer d'attitude, et dans le plus profond silence, Norna tout à coup, d'un geste lent et majestueux, étendit sa baguette de chêne noir vers cette partie des cieux d'où le vent soufflait avec le plus de violence, et tandis qu'il déployait toutes ses fureurs, elle se mit à chanter une invocation norwégienne que l'on conserve encore dans l'île d'Uist, sous le titre de chant de la Reim-Kennar, quoique quelques-uns l'appellent le chant de la tempête. Nous en donnons ici une imitation, car il serait impossible de la traduire littéralement, attendu les ellipses et les métaphores particulières à l'antique poésie du Nord.

Puissant aigle du nord, qui lances le tonnerre,
　　Tyran de la mer et des cieux,
　　Qui, dans ton vol impétueux,
Soulèves l'Océan et fais trembler la terre,
　　Quoique tu causes plus d'effroi
Que les mugissemens de la mer courroucée,
Malgré ta rage aveugle et ta hâte insensée,
　　Je te l'ordonne, écoute-moi.

Les sapins de Drontheim nuisaient à ton passage,
　　Ton souffle les a renversés;
　　C'est lui qui les a dispersés
Ces vaisseaux qui voguaient sans crainte de l'orage;
　　On vit s'écrouler devant toi
La tour qui s'élevait au milieu des nuages:
Superbe destructeur, mets fin à tes ravages;
　　Je te l'ordonne, obéis-moi.

Le limier qui poursuit la biche fugitive,
　　L'autour qui fond sur la perdrix,
　　S'arrêtent confus et surpris,
Si mes chants ont frappé leur oreille attentive.
　　Et toi-même, superbe roi,
Tu te repais de sang, tu t'abreuves de larmes,
Les cris du désespoir sont pour toi pleins de charmes;
　　Mais Norna parle; écoute-moi.

Assez et trop long-temps, dans ta fureur sauvage,
　　Tu fis le malheur des humains:
　　Que de veuves, que d'orphelins
Redemandent un père, un époux à ta rage!
　　Cesse de répandre l'effroi;
Dans l'arsenal d'Odin remplace le tonnerre;
Laisse en paix l'Océan, ne trouble plus la terre;
　　Norna le veut; repose-toi.

Nous avons dit que Mordaunt aimait passionnément la poésie et les sites romantiques; il ne faut donc pas s'étonner s'il écoutait avec intérêt les chants sauvages adressés ainsi par la sibylle au plus impétueux des vents, avec le ton de l'enthousiasme le plus intrépide ; mais, quoiqu'il eût entendu parler beaucoup des vers runiques et des enchantemens du Nord dans un pays où il avait vécu si long-temps, il ne porta pas en cette occasion la crédulité jusqu'à croire que la tempête, qui commençait alors à se calmer, était subjuguée par l'incantation de Norna. Certainement l'ouragan semblait s'éloigner ; le danger était passé ; mais n'était-il pas probable que la pythonisse avait depuis quelque temps prévu cet événement au moyen d'indices imperceptibles à ceux qui ne demeuraient pas depuis long-temps dans ce pays, ou qui n'avaient pas donné assez d'attention aux phénomènes météorologiques ? Mordaunt ne doutait pas de l'expérience de Norna, et cette expérience, selon lui, servait à expliquer ce qui paraissait surnaturel dans sa manière d'agir. Cependant la taille majestueuse et la figure de la magicienne à demi voilée par sa chevelure en désordre, la noblesse de son maintien et le ton de menace et d'autorité avec lequel elle s'adressait à l'esprit invisible de la tempête, lui auraient presque fait ajouter foi à l'ascendant d'un art occulte capable de dominer sur les puissances de la nature ; car si jamais il avait existé sur la terre une femme qui pût jouir d'une telle autorité, Norna de Fitful-Head, à en juger par son maintien, sa taille et sa figure, était née pour cette haute destinée.

Quant aux autres spectateurs, leur esprit était plus susceptible de crédulité. Tronda et le colporteur étaient depuis long-temps convaincus de toute l'étendue de la puissance de Norna sur les élémens. Mais Triptolème et sa sœur se regardaient d'un air surpris et alarmé ; surtout quand le vent commença à baisser sensiblement, ce qui fut particulièrement remarquable pendant les pauses que Norna laissait entre les strophes de son chant magique. La dernière fut suivie d'un long silence ; elle se remit ensuite à chanter, mais sur le ton plus doux d'une autre modulation :

> Tu m'as donc entendu ? Oui, tu fermes tes ailes ;
> Et dans l'antre obscur d'un rocher
> A ma voix tu vas te cacher :
> Le monde est à l'abri de tes fureurs cruelles.
> Docile et soumis à ma loi,
> Dors en paix, je le veux ; et lorsqu'à la nature,
> L'affreux destin voudra faire une autre blessure,
> Je le permets, éveille-toi.

— Ce serait une jolie chanson, dit tout bas le cultivateur à sa sœur, que celle qui empêcherait le grain de verser avant la moisson ! Il faut la prendre par la douceur, Baby ; peut-être nous cédera-t-elle ce secret pour une centaine de livres d'Écosse.

— Une centaine de têtes d'imbéciles, répliqua Baby ; offrez-lui cinq marcs, argent comptant ; je n'ai jamais connu de sorcière qui ne fût aussi pauvre que Job.

Norna se retourna comme si elle eût deviné leurs pensées, et peut-être les avait-elle devinées. Elle passa devant eux en leur lançant le coup d'œil d'un amer dédain ; et, s'avançant vers la table sur laquelle étaient déjà les préparatifs du repas frugal de miss Barbara, elle prit une cruche de terre qui contenait une liqueur légèrement acide, appelée bland, composée de la partie séreuse du lait ; en ayant rempli une écuelle de bois, elle rompit un petit morceau d'un pain d'orge, puis après avoir bu et mangé elle se retourna vers ses hôtes et les apostropha ainsi : — Je ne vous remercie pas pour le rafraîchissement que je viens de prendre, car vous ne me l'avez point offert; et des remerciemens à des êtres grossiers et avares sont comme la rosée du ciel tombant sur les rochers de Foulah, où il n'est rien que son influence puisse ranimer. Non, je ne vous remercie point, répéta-t-elle; et tirant de sa poche une large bourse de cuir qui semblait assez lourde, elle ajouta : — Je vous paie avec ce que vous estimez plus que la reconnaissance de tous les habitans d'Hialtland. Ne dites pas que Norna de Fitful-Head a rompu votre pain, a touché des lèvres à votre breuvage, et qu'elle vous a laissé le regret de vous avoir occasioné de la dépense. En parlant ainsi elle mit sur la table une petite pièce de monnaie antique portant l'effigie grossière et à demi effacée de quelque ancien roi du Nord.

Triptolème et sa sœur se récrièrent avec véhémence contre cet acte de libéralité, l'agriculteur protestant qu'il ne tenait ni cabaret ni auberge, et sa sœur s'écriant : — Cette vieille est-elle folle? Qui a jamais ouï dire que la noble maison de Clinkscale ait donné à manger pour de l'argent?

— Ou par charité, murmura son frère entre ses dents; n'oubliez pas cela, ma sœur (1).

— Qu'avez-vous à marmotter? vieux coucou, lui dit son aimable sœur qui se doutait de ce qu'il voulait dire; rendez à la dame sa pièce de monnaie, trop heureux d'en être débarrassés. Demain matin ce ne serait plus qu'un morceau d'ardoise ou même quelque chose de pire.

L'honnête facteur prit la pièce d'argent pour la rendre

(1) *Tittie*, nom familier qu'on donne à une sœur, en Écosse.
Tr.

à Norna; mais il ne put s'empêcher d'être frappé d'étonnement quand il en vit l'empreinte, et il la passa à sa sœur d'une main tremblante.

— Oui, répéta la pythonisse, comme si elle eût pénétré les pensées et les causes de l'étonnement de l'un et de l'autre, vous avez déjà vu cette monnaie auparavant. Prenez garde à l'usage que vous en ferez! Elle ne profite pas aux ames lâchement vouées à un sordide amour du lucre; elle a été gagnée en courant des dangers honorables, et elle doit être dépensée avec une libéralité qui ne le soit pas moins. Le trésor caché sous un foyer, tel que le talent enfoui de l'Écriture, déposera un jour contre ses avares possesseurs.

L'obscurité mystérieuse de ces paroles sembla porter au plus haut degré l'alarme et la surprise de Baby et de son frère. Celui-ci essaya de balbutier quelques mots qui ressemblaient à une invitation qu'il voulait faire à Norna de rester avec eux toute la nuit, ou du moins de partager le dîner qui se préparait, car c'est ainsi qu'il voulait nommer ce modeste repas; mais jetant les yeux sur la compagnie, et comparant le nombre des personnes qui la composaient avec l'unique mets qui était sur le feu, il corrigea sa phrase en disant qu'il espérait qu'elle voudrait bien prendre sa part du peu qu'ils avaient, et qui serait sur la table en moins de temps qu'il n'en fallait pour détacher les bœufs d'une charrue.

— Je ne mange ni ne dors ici, répliqua Norna; mais ce n'est pas assez de vous débarrasser de ma présence, je veux encore vous délivrer d'hôtes que vous ne voyez qu'avec peine : — Mordaunt, ajouta-t-elle en s'adressant à lui, la tempête est finie, et votre père vous attend ce soir même.

— Allez-vous du même côté? lui demanda Mordaunt; je ne ferai que manger un morceau, et je vous accompagnerai, ma bonne mère; les ruisseaux sont débordés, et la route doit être dangereuse.

— Nous ne suivons pas la même route, répondit la sibylle, et Norna n'a besoin du bras d'aucun mortel pour l'aider. Je suis appelée au loin à l'est par des êtres en état d'aplanir le chemin que j'ai à parcourir. Puis s'adressant au colporteur : — Quant à toi, Bryce Snailsfoot (1), lui dit-elle, hâte-toi de te rendre à Sumburgh, une bonne moisson s'y prépare pour toi. Bien des marchandises y chercheront avant peu de nouveaux maîtres, et le marin, profondément endormi dans les abîmes de l'Océan, s'inquiète peu maintenant des balles et des caisses que les flots jettent sur le rivage.

— Non, non, bonne mère, répondit Snailsfoot, je ne désire la mort de personne pour en profiter; je me borne à remercier la Providence des bienfaits qu'elle m'accorde dans mon petit commerce; cependant il est bien certain que la perte de l'un peut être le gain d'un autre; et, comme ces tempêtes détruisent tout sur la terre, il est assez juste qu'elles nous envoient quelque chose par mer. Ainsi je vais, comme vous l'avez fait, bonne mère, prendre la liberté d'emprunter ici un morceau de pain d'orge et un coup de bland, après quoi, disant bonjour et merci à ce brave homme et à cette bonne dame, je partirai pour Iarlshof.

— Oui, dit la pythonisse, les aigles accourent là où il y a eu du carnage; et là où la tempête a porté des débris, le colporteur ne manque pas de se rendre, aussi

---

(1) Mot à mot, *pied de limaçon*. — Tr.

avide à profiter des dépouilles que le requin à dévorer les cadavres.

Cette espèce de reproche, s'il était fait avec intention, sembla au-dessus de l'intelligence du marchand ambulant, qui, tout occupé de ses espérances de profit, prit son havresac avec le bâton qui lui servait d'aune et de canne, et demanda à Mordaunt, avec ce ton de familiarité permis dans les pays peu civilisés, s'il ne voulait pas s'en retourner à Iarlshof de compagnie avec lui.

— Je vais d'abord dîner avec M. Yellowley et miss Baby, répondit le jeune homme ; je me mettrai en route dans une demi-heure.

— En ce cas, dit le colporteur, je mangerai un morceau chemin faisant. Et, sans plus de cérémonie, il s'empara de ce qui, aux yeux intéressés de mistress Baby, parut être les deux tiers du pain, se versa du bland dans la même proportion, et après avoir pris une poignée de ces petits poissons qu'on appelle *sillocks*, et que la servante venait de placer sur la table, il quitta la chambre et la maison.

— Quelle faim et quelle soif a ce colporteur! dit mistress Baby ; est-ce ainsi qu'on exécute en ce pays les lois contre les vagabonds? Ce n'est pas que je veuille fermer la porte à des gens décens et honnêtes, ajouta-t-elle en regardant Mordaunt, et surtout par un temps qui semble annoncer la fin du monde. — Mais voilà l'oie dans le plat, la pauvre bête!

Elle prononça ces dernières paroles avec un air d'affection pour l'oie fumée, qui, quoiqu'elle eût été longtemps suspendue dans la cheminée, devenait pour mistress Baby beaucoup plus intéressante dans cet état que quand elle faisait entendre son ramage dans les airs.

Mordaunt se mit à rire, prit un siège, et se tourna pour voir où était Norna; mais elle avait disparu de l'appartement pendant que le colporteur prenait ses provisions.

— Je suis bien aise qu'elle soit partie, cette vieille grognon, dit mistress Baby, quoiqu'elle ait laissé cette pièce d'argent qui sera une honte éternelle pour nous.

— Chut! chut! mistress, pour l'amour de Dieu! s'écria à voix basse Tronda Dronsdaughter : qui sait où elle est à présent? Nous ne sommes pas sûrs qu'elle ne nous entende pas, quoique nous ne puissions la voir.

Mistress Baby tressaillit, et jeta les yeux autour d'elle; mais se remettant à l'instant, car elle était naturellement aussi courageuse qu'acariâtre et emportée : — Je l'ai déjà bravée en face, s'écria-t-elle, et je la brave encore; peu m'importe qu'elle me voie ou qu'elle m'entende, qu'elle soit près ou loin. Eh bien! imbécile que vous êtes, dit-elle au pauvre Yellowley, à qui en veulent vos grands yeux ouverts? Vous qui avez étudié à Saint-André, vous qui avez appris le latin et les humanités, à ce que vous dites, vous vous laissez intimider par le radotage d'une vieille mendiante! Dites votre bénédicité, et qu'elle soit sorcière ou non, nous n'en mangerons pas moins notre dîner en dépit d'elle et de sa magie. Quant à sa pièce d'argent, elle ne me salira pas la poche, j'en ferai cadeau à quelque pauvre, c'est-à-dire je la léguerai après ma mort; jusque-là je la garderai comme argent de *tirelire*, et ce n'est pas là ce qu'on peut appeler s'en servir. Eh bien, M. Yellowley, dites donc votre bénédicité et dînons.

— Vous feriez mieux, dit Tronda, de dire un *oremus*

à saint Ronald, et de jeter une pièce de six sous par-dessus votre épaule gauche.

— Pour que vous la ramassiez, ma mie? repartit l'implacable mistress Baby; il se passera du temps avant que vous soyez capable d'en gagner autant d'une autre façon. Allons, à table, Triptolème, et ne pensons plus à cette vieille folle.

— Folle ou non, répliqua Yellowley tout déconcerté, elle en sait plus que je ne le voudrais; c'était une chose bien prodigieuse que de voir la tempête se calmer à la voix d'une femme qui est de chair et d'os comme nous; et ensuite ce qu'elle a dit relativement à la pierre du foyer.... Je ne puis m'empêcher de penser....

— Si vous ne pouvez vous empêcher de penser, dit mistress Barbara d'un ton fort aigre, du moins vous pouvez vous empêcher de parler.

L'agriculteur ne répliqua rien, se mit à table, et fit avec une cordialité qui ne lui était pas ordinaire, les honneurs de son dîner mesquin à son nouvel hôte, le premier des intrus qui étaient arrivés dans sa maison et le dernier qui la quitta. Les sillocks disparurent en peu de temps, et l'oie fumée eut le même sort, si bien que Tronda, qui s'était attendue à en ronger les os, trouva la besogne faite ou à peu près. Après le dîner, l'hôte plaça sur la table une bouteille d'eau-de-vie; mais Mordaunt, qui était par habitude presque aussi sobre que son père, n'usa qu'avec une extrême modération de ce dernier don de l'hospitalité.

Durant le repas, la conversation roula beaucoup sur lui-même et sur son père, et Baby fut si charmée des détails dans lesquel il entra, qu'elle ne voulut pas qu'il remît ses habits encore humides, et qu'elle le pressa de rester avec eux jusqu'au lendemain matin, au risque d'ajouter les frais d'un souper à tous ceux que cette journée avait déjà occasionés. Mais les paroles de Norna avaient fait désirer au jeune homme de retourner chez son père; et d'ailleurs la maison, malgré l'hospitalité qu'on y avait exercée en sa faveur, n'offrait rien qui pût le tenter beaucoup d'y rester plus long-temps. Il conserva donc les vêtemens que lui avait prêtés le facteur, promit de les lui renvoyer et de faire reprendre les siens en même temps, enfin il prit congé fort poliment de son hôte et de mistress Baby; et celle-ci, quoique chagrine de la perte de son oie, ne put s'empêcher de penser que, puisqu'elle devait être mangée tôt ou tard, il valait mieux qu'elle l'eût été dans la compagnie d'un jeune homme si bien fait et d'une humeur si aimable.

CHAPITRE VII.

—

« L'enragé d'Océan ne fait rien à demi ;
» Il avale à la fois ami comme ennemi.
» Son estomac vorace, affamé de pâture,
» Offre aux pauvres marins trépas et sépulture. »

Ancienne comédie.

Il y a dix bons milles d'Écosse de Stour-Burgh à Iarlshof, et quoique notre jeune piéton ne rencontrât pas tous les obstacles qui embarrassèrent *Tam O Shanter* (1) ; — car dans un pays où il n'y a ni haies ni clôtures, il ne peut y avoir ni trouées aux murailles, ni barrières ; — cependant on peut dire que la longueur de son chemin fut à peu près doublée par les circuits qu'il

(1) Tam O Shanter, un des héros les plus populaires de Burns, est obligé de rebrousser chemin, poursuivi par d'étranges apparitions. — Éd.

fallait faire pour éviter le grand nombre de lacs et de marécages qui encombraient la route directe, et qui rendaient sa marche aussi pénible, aussi fatigante et aussi dangereuse que celle de la fameuse retraite d'Ayr. Néanmoins ni sorcière ni magicien ne traversèrent le chemin que Mordaunt avait pris. Les jours étaient déjà longs, et il arriva à Iarlshof sain et sauf à onze heures du soir. Le calme et l'obscurité régnaient autour de la maison de son père, et ce ne fut qu'après avoir sifflé deux ou trois fois sous la fenêtre de Swertha, que celle-ci répondit au signal.

Au premier coup de sifflet, Swertha, encore endormie, rêvait agréablement d'un jeune marin, employé à la pêche de la baleine, qui avait coutume de s'annoncer pas un semblable signal à la fenêtre de sa cabane il y avait une quarantaine d'années; au second elle se réveilla pour se rappeler que Johny Fea dormait profondément depuis ce temps sous les flots glacés du Groënland, et qu'elle-même était femme de charge de M. Mertoun, à Iarlshof; au troisième elle se leva et ouvrit la fenêtre.

— Qui est là, demanda-t-elle, à l'heure qu'il est?

— C'est moi, répondit le jeune homme.

— Et pourquoi n'entrez-vous pas? La porte n'est fermée qu'au loquet; il y a dans la cheminée de la cuisine du feu enterré sous la tourbe; vous trouverez des allumettes à côté, et vous pourrez allumer votre chandelle.

— A la bonne heure, répondit Mordaunt; mais je veux savoir comment va mon père.

— Comme à son ordinaire, le brave homme! Il vous a demandé, M. Mordaunt. Vous faites de bien longues promenades, jeune homme, et vous en revenez bien tard dans la nuit.

— Son heure sombre est donc passée, Swertha?

— Oh oui, heureusement; M. Mordaunt, votre père est vraiment d'aussi bonne humeur qu'il peut être, le pauvre homme! Je lui ai parlé hier deux fois sans qu'il m'eût parlé le premier; la première, il m'a répondu aussi poliment que vous le feriez vous-même; la seconde, il m'a dit de ne pas le tourmenter; j'ai pensé ensuite que le nombre trois portait bonheur, et je me suis hasardée à lui parler encore : il m'a appelée vieille bavarde d'enfer, mais sans se fâcher, presque poliment.

— Suffit, suffit, Swertha, mais levez-vous, et donnez-moi quelque chose à manger, car j'ai fait un maigre dîner.

— Il faut donc que vous ayez été jeté à Stour-Burgh chez ces nouveaux debarqués; car il n'y a pas d'autre maison dans l'île où l'on ne vous eût donné la meilleure part de ce qu'on y aurait eu de meilleur. Avez-vous rencontré quelque part Norna de Fitful-Head? elle était allée ce matin a Stour-Burgh, et elle est revenue ce soir au village.

— Revenue! dites-vous; comment a-t-elle pu faire trois lieues et plus en si peu de temps?

— Qui sait comment elle voyage! je l'ai entendue de mes propres oreilles, dire au Rauzellaer qu'elle avait eu l'intention d'aller à Burgh-Westra pour parler à Minna Troil, mais qu'elle avait vu Stour-Burgh, ou plutôt à Harfra, car c'est le nom qu'elle donne toujours à cet endroit, ce qu'elle voulait voir, et que cela l'avait fait revenir à notre village. Mais entrez, allez à la cuisine, vous y trouverez de quoi bien souper; le garde-manger n'est pas vide, et encore moins fermé; car, quoique mon maître soit un étranger, il ne tient pas les cordons de sa bourse trop serrés, commedit le Rauzellaer.

Mordaunt, en conséquence, entra dans la cuisine où Swertha s'empressa de lui préparer avec soin un souper abondant, quoique simple, qui compensa la mesquine hospitalité qu'il avait reçue à Stour-Burgh.

Le lendemain matin, quelques ressentimens de la fatigue qu'il avait éprouvée la veille le firent rester au lit plus long-temps qu'à l'ordinaire, de manière que, contre sa coutume, il trouva son père dans la pièce où l'on mangeait, et qui leur servait à tous les usages, excepté de chambre à coucher et de cuisine. Le fils salua son père, sans dire un seul mot, et attendit qu'il lui adressât la parole.

— Vous étiez absent hier, Mordaunt? lui dit son père. L'absence de Mordaunt avait été d'une semaine et plus; mais il avait souvent remarqué que son père ne paraissait pas y faire attention tant qu'il était affecté de ses vapeurs mélancoliques, et il répondit simplement oui à cette question.

— Et vous étiez, je pense, à Burgh-Westra?

— Oui, mon père.

Mertoun garda alors le silence pendant quelque temps, marchant d'un pas grave, et semblant occupé de sombres réflexions qui paraissaient de nature à faire craindre qu'il ne tombât dans un accès de mélancolie. Cependant il se tourna tout à coup vers son fils, et d'un ton qui ressemblait à une question : — Magnus Troil a deux filles, dit-il; elles doivent être à présent dans ce qu'on appelle le bel âge des femmes, et, comme de raison, on les trouve charmantes.

— Généralement, mon père, répondit Mordaunt un peu surpris de l'entendre prendre en quelque sorte des informations sur deux personnes d'un sexe dont on pensait qu'il se souciait fort peu ; mais sa surprise augmenta beaucoup à la question suivante, qui ne lui fut pas adressée moins brusquement que la première.

— Laquelle trouvez-vous la plus belle ?

— Moi, mon père, répondit Mordaunt avec quelque étonnement, mais pourtant sans paraître embarrassé, je ne suis réellement pas en état d'en juger. Je n'ai jamais pensé à examiner laquelle des deux est la plus belle : elles sont, à mon avis, toutes deux fort bien.

— Vous éludez, ma question, Mordaunt ; peut-être ai-je quelque raison particulière pour demander votre opinion à ce sujet. Je ne suis pas accoutumé à prodiguer mes paroles en vain. Je vous demande donc de nouveau laquelle des deux filles de Magnus Troil vous croyez la plus belle ?

— Réellement, mon père, répliqua Mordaunt, je suis tenté de croire que vous plaisantez en me faisant cette question.

— Jeune homme, dit Mertoun, dont les yeux déjà étincelaient d'impatience, je ne plaisante jamais : je veux une réponse à mes questions.

— Eh bien, mon père, sur mon honneur, il m'est impossible de prononcer entre elles. Elles sont toutes deux fort jolies, quoique fort différentes l'une de l'autre. Minna est brune, plus grave que sa sœur, plus sérieuse, mais ni taciturne, ni sombre.

— Hum ! répliqua son père ; vous avez été élevé gravement, et cette Minna, je suppose, est celle qui vous plaît le plus.

— Non mon père, je ne puis réellement lui donner la préférence sur sa sœur; Brenda est gaie comme un agneau dans une matinée de printemps. Elle est moins grande que sa sœur, mais elle est si bien faite et elle danse si bien !...

— Quelle est la plus propre à amuser un jeune homme qui habite une maison triste avec un père mélancolique?

Dans toute la conduite de son père, rien n'avait jamais si fort étonné Mordaunt que l'opiniâtreté avec laquelle il paraissait vouloir donner suite à un sujet si étranger à sa manière générale de penser et à ses habitudes de conversation; il se contenta de lui répondre encore une fois que les deux jeunes personnes étaient également admirables, et que jamais il n'avait eu la pensée de commettre l'injustice de moins apprécier l'une que l'autre; que d'autres seraient peut-être plus disposés que lui à se décider sur une préférence quelconque à donner à l'une des deux sœurs, suivant le goût qu'ils auraient pour un caractère grave ou gai, ou pour un teint brun ou blond; mais que pour lui il ne pouvait apercevoir une excellente qualité dans l'une, qu'elle ne fût balancée dans l'autre par quelque chose d'également attrayant.

Il est possible que Mertoun ne se fût pas contenté des explications que son fils venait de lui donner d'une manière si froide; mais Swertha entra en ce moment avec le déjeuner. On se mit à table, et le jeune homme, quoiqu'il eût soupé fort tard la veille, fit ce repas avec un appétit qui dut convaincre son père que le déjeuner était pour lui d'une plus grande importance que le sujet de conversation qu'ils venaient d'avoir, et qu'il n'avait rien à ajouter aux réponses qu'il avait faites. M. Mertoun se couvrit le front d'une main, et resta quelque temps les yeux fixés sur son fils, qui n'était occupé que de son déjeuner. Il n'avait aucune distraction, et ne semblait pas se douter qu'il était observé. Tout était chez lui franc, naturel et ouvert.

— Son cœur ne s'est pas encore laissé surprendre, se disait Mertoun à lui-même. Si jeune, si vif, avec son imagination, avec un extérieur si agréable et une figure si séduisante, il est étrange qu'à son âge, et dans sa position, il ait échappé jusqu'à présent aux pièges dans lesquels se laissent prendre tous les hommes sans exception.

Quand le déjeuner fut fini, M. Mertoun, au lieu de proposer, comme à l'ordinaire, à son fils qui attendait ses ordres, de se mettre à l'étude et de s'occuper de quelque partie de son éducation, prit son chapeau et sa canne, et lui dit de venir faire une promenade avec lui sur le promontoire de *Sumburgh*. De cette hauteur, lui dit-il, ils contempleraient la plaine de l'Océan qui devrait être encore bien agitée, après la tempête de la veille. Mordaunt était à l'âge où les jeunes gens abandonnent volontiers des occupations sédentaires pour un exercice actif : il se leva sans hésiter à l'ordre de son père, le suivit, et au bout de quelques minutes ils gravissaient ensemble la montagne dont la rampe, du côté de la terre, était longue, escarpée et couverte de quelques herbes, mais qui descendait vers la mer par une pente si raide, qu'elle effrayait la vue comme un précipice.

Le temps était délicieux ; il n'y avait d'air que ce qu'il en fallait pour chasser doucement les nuages errans çà et là dans l'horizon. Ces vapeurs légères, en voilant par intervalles le disque du soleil, ornaient le paysage de cette variété de lumière et d'ombre qui prête, au moins momentanément, à une scène découverte et d'une vaste étendue, une espèce de charme approchant des couleurs des campagnes cultivées et plantées. Ces nuances fugitives d'ombre et de lumière se succédaient comme en se jouant sur les vastes marécages, les rochers et les bras de mer, dont le cercle s'étendait davantage à mesure qu'on avançait vers le sommet du promontoire.

Maintes fois M. Mertoun s'arrêtait pour contempler cette scène, et son fils croyait qu'il ne faisait ces pauses que pour mieux jouir du spectacle; mais, comme ils montaient encore, et qu'ils approchaient de la cime du rocher, Mordaunt remarqua que sa respiration devenait plus courte et sa marche plus incertaine et plus pénible; et ce ne fut pas sans quelque alarme qu'il s'aperçut que les forces de son père s'épuisaient, et que la montée semblait le fatiguer plus que de coutume. Il se plaça près de lui, et lui offrit en silence l'appui de son bras : c'était à la fois un acte de déférence pour la vieillesse, et l'expression de sa tendresse filiale. Mertoun le prit sans mot dire, et s'y appuya quelques minutes; mais ils avaient à peine fait une centaine de pas, que Mertoun repoussa son fils subitement, pour ne pas dire brutalement; et, comme si quelque soudain souvenir eût ranimé ses forces, il se mit à gravir la montagne d'un pas si précipité, que Mordaunt, à son tour, fut obligé de faire des efforts pour le suivre. Il connaissait la singularité du caractère de son père; de légères, mais nombreuses circonstances, lui avaient appris qu'il ne l'aimait pas, malgré les peines qu'il se donnait pour son éducation, et dans les momens où il semblait être le seul objet de ses soins sur la terre; mais il n'avait jamais été frappé aussi vivement de cette conviction que par l'emportement avec lequel son père rejetait de la part d'un fils cette assistance que presque toutes les personnes un peu avancées en âge reçoivent avec plaisir des jeunes gens qui leur sont à peine connus, comme un hommage aussi agréable que naturel. Cependant Mertoun ne sembla pas s'apercevoir de l'impression que sa dureté avait produite sur son fils. Il fit halte sur une espèce de plate-forme qu'ils venaient d'atteindre, et il s'adressa à Mordaunt dans les termes suivans, avec un ton d'indifférence qui, jusqu'à un certain point, paraissait affecté :

— Mordaunt, puisque vous avez si peu de motifs pour rester dans ces îles sauvages, je suppose que vous avez quelquefois le désir de voir un peu plus le monde.

— Sur ma parole, mon père, je ne puis dire que j'y aie jamais songé.

— Eh pourquoi non? jeune homme, ce serait, je crois, une chose bien naturelle à votre jeunesse. Quand je n'avais que votre âge, l'étendue de la Grande-Bretagne, toute belle et variée qu'elle est, ne put suffire à mon imagination et à mes désirs; bien moins me serais-je contenté d'un pays étroit et resserré de tous côtés par la mer, qui ne présente à la vue que de la mousse et de la tourbe.

— Je n'ai jamais songé à quitter ces îles, mon père; je suis heureux ici, j'y ai des amis; vous-même, vous vous apercevriez peut-être de mon absence. A moins pourtant que...

— Ne voudriez-vous pas me persuader, lui dit brusquement son père en l'interrompant, que c'est pour l'amour de moi que vous restez ou que vous désirez rester ici?

— Et pourquoi non, mon père? répondit le jeune homme avec douceur : c'est mon devoir, et je crois l'avoir rempli jusqu'à présent.

— Oh! oui, votre devoir! Votre devoir, répéta Mertoun du même ton de voix, comme c'est celui du chien de suivre le valet qui le nourrit.

— Et ne le suit-il pas? dit Mordaunt.

— Oui, dit son père en tournant la tête de côté; mais il ne flatte que ceux qui le caressent.

— J'espère, mon père, lui répliqua Mordaunt, que vous n'avez pas à me reprocher...

— Brisons sur cela, n'en parlons plus, dit Mertoun brusquement; nous en avons assez fait l'un pour l'autre, il faut que nous nous séparions bientôt. — Il le faut. Que cette nécessité nous serve de consolation, si notre séparation en exige.

— Je dois être prêt à vous obéir et à me soumettre à vos désirs, mon père, repartit Mordaunt qui n'était pas tout-à-fait fâché d'une circonstance qui lui faisait espérer de voir davantage le monde; je présume que vous jugerez à propos de me faire commencer par un voyage à la pêche de la baleine?

— La pêche de la baleine! ce serait là vraiment une singulière manière de voir le monde. Mais vous ne pouvez parler que de ce que vous avez appris. En voilà assez pour le moment. Dites-moi où vous vous êtes mis hier à l'abri de la tempête.

— A Stour-Burgh, chez le nouveau facteur arrivé d'Écosse.

— Dans la maison de ce pédant, de cet homme à

projets et à visions bizarres! Et qui y avez-vous vu?

— J'y ai vu sa sœur, et la vieille Norna de Fitful-Head.

— Quoi! répliqua Mertoun avec un sourire moqueur, cette femme douée du charme tout-puissant qui a le pouvoir de faire changer le vent en tournant sa coiffe, comme le roi Erick avait coutume de le faire en tournant son chapeau? La dame voyage loin de chez elle. Comment fait-elle ses affaires? Fait-elle fortune en vendant des vents favorables à ceux qui veulent entrer dans un port?

— C'est réellement ce que je ne sais pas, mon père, répondit Mordaunt que de certains souvenirs avertissaient de ne pas trop entrer dans les plaisanteries de son père.

— Vous croyez donc la matière trop grave pour en rire; ou peut-être trouvez-vous sa marchandise trop légère pour vous en inquiéter? continua Mertoun avec un ton de sarcasme qui chez lui était ce qui approchait le plus de la gaieté; mais, ajouta-t-il, réfléchissez à cela davantage. Tout l'univers se vend et s'achète; hé! pourquoi le vent ferait-il exception, si celui qui en a de bon à vendre trouve des chalands? La terre est affermée depuis sa surface jusque dans ses entrailles; le feu et les moyens de l'entretenir se vendent et s'achètent couramment; les malheureux qui balaient avec leurs filets le furieux Océan, paient le privilège de s'y noyer : hé! quel titre a l'air pour être exempt de ce trafic universel? Au-dessus, au-dessous et autour de la terre, tout a son prix, ses acheteurs et ses vendeurs. Dans beaucoup de pays les prêtres vous vendront un petit coin dans le ciel, et dans tous on consent à acheter une bonne part d'enfer au prix de sa santé, de ses richesses, et d'une conscience paisible : hé! pourquoi Norna ne continuerait-elle pas son trafic?

— Je ne m'y oppose nullement, répliqua Mordaunt ; je voudrais seulement qu'elle se défit de sa marchandise en plus petite quantité ; hier elle la vendait en gros, et quiconque a fait affaire avec elle en a eu pour son argent et plus.

— C'est la vérité, et les effets en sont visibles encore, dit le père en s'arrêtant au bord effrayant du promontoire, d'où l'œil pouvait apercevoir le précipice affreux dont la profondeur n'avait d'autre limite que celle d'un Océan en fureur.

La superficie de ce cap est formée d'une couche de cette pierre friable appelée pierre à sablon, qui, cédant peu à peu à l'action de l'atmosphère, se fend en larges masses suspendues sur le bord du précipice. Souvent détachées par la violence des tempêtes, elles se précipitent dans les eaux frémissantes qui viennent battre le pied du promontoire. Un grand nombre de ces énormes fragmens sont épars au-dessous des rocs dont ils ont fait partie, et la mer lance au milieu d'eux ses ondes écumantes, avec toute la violence qui l'agite dans ces latitudes.

Au moment où Mertoun et son fils regardaient du haut de ce rocher, les vagues, dans le lointain, conservaient encore une partie de leur agitation, car la tempête de la veille avait été trop impétueuse pour que les eaux fussent déjà calmées. Un courant rapide venait se briser contre le promontoire avec fracas, et menaçait d'une destruction soudaine tout ce qui serait entraîné par le flot. La nature, en tout temps, a dans sa magnificence, dans ses beautés et dans ses terreurs, un intérêt qui subjugue, et que l'habitude d'en contempler le spectacle varié peut à peine affaiblir. Le père et le fils s'assirent sur le sommet de la montagne pour porter au loin leurs regards attentifs sur la scène que présentait cette guerre déclarée par les vagues au rocher contre lequel elles luttaient avec une fureur indomptable.

Tout à coup Mordaunt, dont les yeux étaient plus perçans et probablement plus attentifs que ceux de son père, se leva rapidement, et s'écria : — Grand Dieu ! que vois-je ? un vaisseau dans le Roost !

Son père jeta les yeux vers le nord-ouest, et aperçut un bâtiment que ce courant redoutable entraînait. — Il ne porte aucunes voiles, dit-il ; et ayant pris une lunette d'approche, il ajouta : — Il est démâté, et ce n'est plus qu'une carcasse.

— Et il est emporté vers le cap Sumburgh, s'écria Mordaunt frappé d'horreur, il n'a pas le moindre moyen de le doubler.

— Il n'est pas manœuvré, dit le père ; probablement il a été abandonné par l'équipage.

— Dans une journée aussi affreuse que celle d'hier, ajouta Mordaunt, où il eût été impossible même aux marins les plus exercés de conduire à la rame une barque découverte, tous doivent avoir péri.

— Rien n'est plus probable, dit son père avec un sang-froid glacial ; mais tôt ou tard tous auraient péri. Hé ! qu'importe que la mort, à qui rien n'échappe, engloutisse ses victimes toutes à la fois à bord d'un bâtiment tel que celui que nous voyons, ou qu'elle les saisisse dans ses serres l'une après l'autre et comme le sort les lui livre? Le naufrage et le champ de bataille ne nous sont guère plus funestes que notre table et notre lit; si nous évitons le premier genre de mort, ce n'est que pour traîner une existence pénible jusqu'à ce que nous arrivions au second. Plût au ciel que la dernière heure fût venue, cette heure que la raison nous apprendrait à désirer si la nature n'en avait pas profondément gravé la crainte dans notre cœur! Vous êtes surpris de mes réflexions, Mordaunt, parce que la vie est encore neuve pour vous. Avant que vous ayez atteint mon âge, elles vous deviendront familières, et ne sortiront plus de votre pensée.

— Un tel dégoût de la vie, demanda Mordaunt, n'est sans doute pas la conséquence nécessaire d'un âge avancé?

— Il est le partage de tous ceux qui ont le bon sens d'estimer ce qu'elle vaut réellement, répondit Mertoun; mais quant à ceux qui, comme Magnus Troil, obéissent si complètement à l'instinct animal qu'ils doivent tous leurs plaisirs à leurs sens, il est possible que, de même que les brutes, ils éprouvent du plaisir dans la simple existence.

Mordaunt n'aimait ni cette doctrine ni cet exemple. Son opinion était que l'homme qui, comme le bon vieil Udaller, remplissait ses devoirs envers les autres, avait plus de droits au bonheur dans le déclin de ses jours, que celui qui ne le cherchait que dans l'insensibilité. Mais il laissa tomber ce sujet, car il savait qu'entrer en discussion avec son père c'était l'irriter, et il en revint au vaisseau naufragé.

La carcasse, car il ne méritait guère un autre nom, était alors au milieu du courant, qui l'entraînait vers le promontoire sur la cime duquel ils étaient placés. Ils furent cependant quelque temps avant de reconnaître distinctement l'objet qu'ils avaient d'abord vu comme un point noir au milieu des eaux, puis, à une distance plus rapprochée, comme une baleine qui tantôt montre à peine ses nageoires au-dessus des vagues, et tantôt découvre toute son énorme queue. Mais enfin ils furent à portée d'observer plus distinctement la forme du vaisseau, car les vastes lames d'eau qui le portaient vers le rivage le soulevaient alternativement sur leur surface, et le poussaient dans de profonds sillons formant autant de gouffres. Il paraissait du port de deux ou trois cents tonneaux, et il avait été mis en état de défense, car on voyait qu'il était percé pour recevoir du canon. Il avait probablement été démâté dans la tempête de la veille, et livré à la violence des ondes qui l'entraînaient comme un tronc d'arbre. Il paraissait certain que l'équipage, après des efforts inutiles pour en diriger la course, ou pour faire jouer les pompes avec succès, avait fini par l'abandonner, et s'était jeté dans les chaloupes. Il n'y avait donc plus de raison pour s'alarmer sur les dangers que pouvait courir l'équipage dans une telle situation, et cependant ce ne fut pas sans se sentir saisis d'un sentiment qui les glaça d'effroi, que Mordaunt et son père virent la mer sur le point d'engloutir le vaisseau, ce chef-d'œuvre par lequel le génie de l'homme aspire à dompter les vagues et à lutter contre l'impétuosité des vents. Le volume du navire semblait grossir à chaque brasse qu'il parcourait. Il s'approcha, et ils le virent s'élever sur le sommet d'une immense lame d'eau qui continua de rouler avec lui sans se briser, jusqu'au moment où cette montagne liquide et la masse qu'elle portait furent précipités contre le rocher, ce qui acheva le triomphe des élémens conjurés contre ce bel ouvrage de la main de l'homme. Une vague, avons-nous dit, en élevant ce bâtiment dans les airs, l'avait montré tout entier, et quand cette vague se fut retirée du pied du roc, le vaisseau avait cessé d'exister : elle ne ramena avec elle, dans sa retraite, que des poutres, des planches, des tonneaux et d'autres objets semblables, qui, emportés au loin par le courant, devaient revenir avec la prochaine lame pour être derechef précipités contre le rocher.

Ce fut en ce moment que Mordaunt s'imagina voir un homme flottant sur une planche, ou sur un tonneau, et qui, évitant le courant, semblait porté vers une langue de terre couverte de sable, où les vagues venaient se briser avec moins de fureur. Reconnaître le danger et s'écrier : — Il vit, on peut encore le sauver ! fut la première impulsion de Mordaunt; la seconde, après avoir jeté un coup d'œil rapide sur le front du rocher, fut de se précipiter, pourrions-nous dire, tant son mouvement fut rapide, du haut de cette cime escarpée, et de commencer, en profitant des fentes, des crevasses et des saillies qu'il trouvait dans le roc, une descente qui, aux yeux de tout spectateur, aurait paru l'acte de la témérité la plus insensée.

— Arrêtez, jeune imprudent, je vous l'ordonne, s'écria son père; faire une telle tentative c'est vouloir périr. Arrêtez ! prenez sur votre gauche; le chemin est sûr : mais Mordaunt était déjà complètement engagé dans son entreprise périlleuse.

— Et pourquoi l'en empêcherais-je? dit le père étouffant un reste de sollicitude sous la sombre et insensible philosophie dont il avait adopté les principes. — S'il meurt maintenant dans l'élan de ses sentimens généreux et sublimes, dans son aveugle enthousiasme pour la cause de l'humanité, il est trop heureux de trouver la mort au moment où il déploie toute son activité morale et toute la force de la jeunesse. S'il meurt maintenant, n'échappera-t-il pas à la misanthropie, aux remords, à la vieillesse, au regret intérieur qui accompagne le dépérissement inévitable du corps et de l'esprit? Cependant, je ne veux pas être témoin de ce désastre; non, je ne le verrai pas; non, je ne saurais voir s'éteindre le flambeau si récent encore de sa vie.

Mertoun se détourna donc du précipice, et, après avoir marché vers la gauche d'un pas rapide pendant plus d'un quart de mille, il se trouva près d'une fente pratiquée dans le rocher, et qu'on appelle dans le pays un *riva*. Cette fente, désignée aussi par le nom de *sentier d'Erick*, formait une espèce de sentier ni sûr, ni facile, mais le seul par où les habitans d'Iarlshof avaient coutume de s'ouvrir un accès au pied du précipice.

Mertoun n'était pas même parvenu au point le plus élevé de cette pente, que déjà son courageux fils avait exécuté sa téméraire entreprise. En vain des difficultés qu'il n'avait pas aperçues d'abord l'avaient-elles détourné de la ligne droite de descente, il sut vaincre tous les obstacles. Ici il vit s'écrouler sous lui de gros fragmens de roc, au moment où il allait leur confier le poids de son corps, et ces fragmens se précipitaient dans l'Océan avec le fracas du tonnerre; plus loin, à peine en avait-il retiré ses pieds, qu'ils se détachaient du roc après lui et semblaient sur le point de l'entraîner dans leur chute. Il fallut à Mordaunt, pour réussir, toute la constance de son courage, la justesse de son coup d'œil, l'adresse de ses mains et la fermeté de ses pieds; et en moins de sept minutes il eut achevé la périlleuse descente depuis la crête du rocher jusqu'à sa racine. Il se trouvait alors sur cette petite langue de terre exhaussée par des pierres et du sable, qui se prolongeait un peu dans la mer, dont les flots, sur la droite, battaient le pied du rocher, et, à gauche, n'en étaient séparés que par une petite partie de rivage jusqu'au bas de la fente appelée *le sentier d'Erick*, par où Mertoun avait proposé à son fils de descendre.

Quand la violence du choc eut brisé et mis en pièces le vaisseau, la mer engloutit tout ce qu'on avait vu flotter sur son sein, à l'exception seulement d'un petit nombre de pièces de bois, de tonneaux, de caisses, etc., que le reflux des vagues avait jetés sur le terrain où était alors Mordaunt. Son œil perçant avait aperçu parmi ces débris l'objet qui avait d'abord attiré son attention, et qui, en ce moment, vu de plus près, était en effet un homme, mais un homme dans la situation la plus critique. Ses bras étaient encore enlacés autour de la planche qu'il avait saisie lors de la catastrophe; il l'embrassait avec une force presque convulsive, mais il avait perdu le sentiment et le mouvement; et par la position de la planche, dont une partie était à sec sur le rivage tandis que l'autre flottait dans la mer, il y avait à craindre que le reflux de la première vague ne l'entraînât, ce qui aurait rendu inévitable la mort de cet infortuné. A peine Mordaunt avait-il fait ces réflexions, qu'il vit une vague monstrueuse s'avancer, et il se hâta de porter du secours au naufragé avant qu'elle l'eût entraîné en se retirant.

Se précipitant sur lui, il s'attacha à son corps avec la ténacité du limier qui saisit sa proie, quoique avec des sentimens bien différens. La vague lui opposa une force plus grande qu'il ne s'y était attendu ; ce ne fut pas sans une vigoureuse lutte pour sauver sa vie et celle de l'étranger, qu'il réussit à ne pas se laisser entraîner ; car, malgré son adresse à la nage, il aurait pu aller se briser contre les rochers ou être emporté bien loin dans la mer. Il tint ferme sur le terrain cependant ; et, avant qu'une seconde lame d'eau arrivât pour renouveler l'attaque, il attira sur la petite langue de sable et le corps de l'homme et la planche sur laquelle il continuait de se tenir fermement attaché. Mais comment rappeler à la vie un homme qui semblait près de rendre le dernier soupir ? comment ranimer ses forces ? quel moyen enfin de transporter dans un lieu plus sûr et plus commode un malheureux dans l'impuissance absolue de rien faire pour sa propre conservation ? telles étaient les questions que se faisait Mordaunt à lui-même.

Dans cette perplexité, il leva les yeux vers le sommet de la montagne où il avait laissé son père, et l'appela plusieurs fois à grands cris ; mais il ne put l'y apercevoir, et ses cris n'obtinrent d'autres réponses que les cris des oiseaux de mer. Il tourna de nouveau ses regards vers le malheureux naufragé, son habit était galonné, suivant l'usage de ce temps ; la finesse de son linge et les bagues qu'il avait aux doigts indiquaient un homme d'un rang supérieur, et sa physionomie, quoique pâle, avait encore de la beauté ; mais son souffle était presque imperceptible, et sa vie semblait tenir à un fil si délié, qu'il y avait toute raison de craindre qu'il ne se rompît, à moins de prompts secours.

En ce moment les regards de Mordaunt se portèrent sur un homme qu'il vit s'avancer lentement et avec précaution le long du rivage. Il crut d'abord que c'était son père, mais il se rappela à l'instant que M. Mertoun n'aurait pas eu le temps de venir jusque-là, attendu le circuit qu'il devait nécessairement faire pour descendre du rocher; d'ailleurs l'homme qu'il voyait approcher était moins grand que son père.

Quand cet homme fut plus près, Mordaunt n'eut pas de peine à reconnaître le colporteur qu'il avait rencontré la veille à Harfra, et qu'il avait déjà vu dans mainte occasion. — Bryce! hé! Bryce! venez ici, s'écria-t-il en élevant la voix le plus haut qu'il lui fut possible. Mais le marchand était sur la plage tellement occupé à recueillir les débris jetés là par la mer, si empressé à les mettre en lieu de sûreté, qu'il ne fit que peu d'attention pendant quelque temps aux cris de Mordaunt.

Quand à la fin il s'approcha de lui, ce ne fut pas pour l'aider, mais pour lui reprocher comme une imprudence l'œuvre charitable qu'il avait entreprise. — Êtes-vous fou, lui dit-il, vous qui vivez depuis long-temps dans nos îles, de vous exposer à sauver la vie d'un homme qui se noie? Vous ne savez donc pas que, si vous y parvenez, il ne manquera pas de vous faire autant de mal que vous lui aurez fait de bien? Allons, M. Mordaunt, allons, venez m'aider à faire quelque chose qui sera plus utile que cela. Aidez-moi à porter plus loin deux ou trois de ces caisses avant que personne arrive, et nous partagerons en bons chrétiens ce que nous devons remercier Dieu de nous envoyer.

Mordaunt connaissait cette superstition inhumaine, reçue de toute ancienneté parmi le bas peuple des îles

Shetland, et d'autant plus généralement adoptée peut-être, qu'elle servait à justifier le pillage des naufragés. Quoi qu'il en soit, l'opinion que celui qui sauvait un noyé s'exposait au danger d'en recevoir un jour quelque injure, formait un contraste bien étrange avec le caractère de ces insulaires, si hospitaliers, si généreux, et si désintéressés en toute autre occasion, et qui cependant se refusaient souvent à secourir des hommes réduits aux extrémités les plus déplorables par la violence des tempêtes, si fréquentes dans ces parages hérissés d'écueils. Il est doux cependant d'avoir à ajouter que les exhortations et l'exemple des propriétaires ont fait disparaître tout vestige de ce cruel préjugé dont la génération actuelle peut se rappeler avoir encore vu quelques traces. C'est une chose bien inconcevable que cet endurcissement du cœur dans des hommes constamment exposés aux mêmes périls et aux mêmes désastres que ceux à qui ils refusent leurs secours; peut-être l'habitude de voir le danger et d'y être exposé tend-elle à émousser la sensibilité de l'homme sur les résultats qui peuvent en être la suite, que ce soit lui-même ou des étrangers qu'ils menacent.

Bryce était particulièrement remarquable par son aveugle croyance à cette vieille superstition; il faut dire qu'il comptait moins, pour garnir sa malle de colporteur, sur les magasins des marchands de Lerwick et de Kirkwall que sur la violence des tempêtes et des vents du nord-ouest comme ceux de la veille; et comme il faisait, à sa manière, profession d'une grande dévotion, il manquait rarement d'en adresser de fervens remerciemens au ciel. On disait de lui que s'il avait employé à secourir les marins naufragés le même temps qu'il avait mis à les dépouiller, il aurait sauvé beaucoup de ses semblables et perdu beaucoup de marchandises. Il ne fit aucune attention aux instances de Mordaunt, quoiqu'il fût alors sur la même langue de sable que lui, place qu'il connaissait très-bien pour être celle où le courant jetterait probablement à terre les dépouilles que l'Océan vomissait. Il s'occupait à mettre en sûreté tout ce qui lui semblait le plus portatif et de plus grande valeur. A la fin Mordaunt vit l'honnête colporteur fixer les yeux sur une assez grosse caisse que la mer avait jetée sur le rivage; elle était de bois des Indes, solidement fermée par des plaques de cuivre, et paraissait être de construction étrangère. Une forte serrure résistait à tous les efforts de Bryce, qui impatienté tira de sa poche un marteau et un ciseau, et se prépara lui-même à en forcer les gonds.

Mordaunt, perdant lui-même patience, et irrité du sang-froid et de l'assurance de cet homme, saisit un bâton qui était à ses pieds, et, après avoir placé doucement le naufragé sur le sable, s'approcha de Bryce avec un geste menaçant. — Misérable! lui cria-t-il, levez-vous à l'instant, aidez-moi à sauver ce malheureux et à le mettre à l'abri de nouvelles vagues, sinon je jure que je fais de vous une momie; et je vais informer Magnus Troil de votre brigandage, pour qu'il vous condamne à être battu de verges et chassé du pays.

Le couvercle de la caisse venait de sauter, et l'intérieur offrait aux yeux de Bryce des effets bien séduisans pour lui, entre autres des chemises, dont quelques-unes garnies de dentelle, une boussole d'argent, une épée à poignée de même métal, et d'autres objets précieux dont le colporteur savait très-bien qu'il trouverait facilement le débit; il était donc disposé à répondre à Mordaunt en dégaînant son petit couteau de chasse, plutôt que de renoncer au butin. De petite taille, mais robuste, et presque à la fleur de l'âge, il était d'ailleurs le mieux armé, et il aurait pu donner à Mordaunt plus d'embarras que n'en aurait dû avoir un chevalier si bienfaisant. Déjà Mordaunt lui avait répété avec énergie l'ordre de cesser son pillage et de venir au secours du moribond, quand il lui répondit d'un ton de défi : — Ne jurez pas, monsieur, ne jurez pas : je ne souffrirai pas qu'on jure en ma présence, et si vous mettez la main sur moi quand je prends la dépouille des Égyptiens, je vous donnerai une leçon dont vous vous souviendrez d'ici à Noël.

Mordaunt allait mettre à l'épreuve le courage du colporteur, lorsqu'une voix se fit subitement entendre, et dit : — Arrêtez! — C'était Norna de Fitful-Head, qui, durant la chaleur de la dispute, s'était approchée sans être observée. — Arrêtez, répéta-t-elle; et toi, Bryce, donne à Mordaunt l'aide qu'il te demande, et cela te vaudra mieux, c'est moi qui te le dis, que tout ce que tu pourrais gagner aujourd'hui d'une autre manière.

— C'est de la toile de Hollande, dit le colporteur en jetant un coup d'œil de connaisseur sur une des chemises; c'est de la toile de Hollande, et elle est aussi forte qu'elle est fine. Cependant, bonne mère, il faut exécuter votre ordre, et j'aurais obéi de même à M. Mordaunt, ajouta-t-il en faisant succéder à ses menaces le ton de déférence avec lequel il enjôlait ses pratiques, s'il n'avait pas prononcé de ces gros juremens qui me font tressaillir jusque dans la moelle des os, et me mettent hors de moi-même. Alors il tira un flacon de sa poche, et, s'approchant du corps du malheureux naufragé : — Voilà de l'eau-de-vie comme il n'y en a pas, dit-il, et si elle ne le guérit pas, il n'y a rien qui puisse le guérir. Alors Bryce avala préalablement une bonne gorgée de la liqueur, comme pour en prouver la bonne qualité, et il allait en verser dans la bouche du moribond, quand tout à coup, retirant sa main en regardant Norna, il lui dit : — Vous m'assurez, bonne mère, que je ne m'expose pas à ce qu'il me fasse aucun mal, si je lui donne du secours : vous savez vous-même ce qu'on dit à ce sujet?

Norna, pour toute réponse, lui prit la bouteille de la main, et commença à frotter les tempes et la gorge du malheureux naufragé, indiquant à Mordaunt la manière dont il fallait qu'il tînt sa tête, afin de lui faciliter le moyen de rendre l'eau de la mer qu'il avait avalée.

Le colporteur resta un moment simple spectateur; après quoi : — Sûrement, dit-il, il n'y a pas le même risque à le secourir à présent qu'il est hors de l'eau et couché en lieu sec ; mais cela fait pitié de voir comme ces bagues pincent les doigts enflés de cette pauvre créature, et comme elles rendent sa main aussi bleue que le dos d'un crabe avant qu'il soit cuit. Et en même temps il saisit une des mains froides du malheureux qui venait de donner un signe de vie par un léger frisson, et il commença l'œuvre charitable de lui retirer des doigts ces bagues qui paraissaient être de quelque prix.

— Si tu aimes la vie, lui dit Norna d'un ton sévère, ne va pas plus loin ; sinon je ferai sur toi tel rapport qui pourra bien déranger tes voyages dans ces îles.

— Pour l'amour de Dieu, et par grace, répondit le

colporteur, je ferai tout ce que vous désirez, et comme vous le voudrez ; j'ai senti hier un rhumatisme dans les épaules, et ce serait une chose fâcheuse pour un homme comme moi de ne pouvoir plus faire mes courses accoutumées dans le pays, pour mon commerce, gagnant honnêtement quelques pauvres sous, et m'aidant de ce que la Providence envoie sur nos côtes.

— En ce cas, paix donc, lui lui Norna, autrement tu aurais à t'en repentir. Prends cet homme sur tes larges épaules ; sa vie est d'un grand prix, et tu seras récompensé.

— Cela ne sera que trop juste, dit le colporteur d'un air pensif, en regardant la caisse ouverte et les autres objets qui étaient épars sur le sable, car sans lui j'aurais eu ici une aubaine qui aurait fait de moi un homme pour le reste de mes jours. Et maintenant il faut que tout cela reste là jusqu'à ce que la marée prochaine l'entraîne dans le Roost avec tout ce qu'il a déjà englouti.

— N'aie pas cette crainte, dit Norna, rien ne sera perdu ; regarde, je vois venir là-bas des oiseaux de proie dont l'instinct est aussi sûr que le tien.

Elle disait vrai, car il arrivait en effet du village d'Iarlshof des gens qui hâtaient le pas le long du rivage, pour avoir leur part du butin. Le colporteur soupirait et gémissait en les voyant approcher. — Oui, dit-il, oui, voilà les gens d'Iarlshof ! Bonne affaire pour eux : ils sont bien connus partout pour cela ; ils nettoieront bien la place, et ils ne laisseront pas une cheville pourrie. Ce qu'il y a de pire, c'est qu'il n'y en aura pas un d'eux qui ait le bon sens et l'honnêteté de remercier la Providence du bien qu'elle leur envoie. Voilà parmi eux le vieux Rauzellaer Neil Ronaldson ; il ne peut pas se traîner pour faire un mille quand il s'agit d'aller entendre le ministre à l'église, et il en fera dix s'il entend parler d'un vaisseau qui a péri.

Norna, cependant, paraissait avoir sur le colporteur un tel ascendant, que sans hésiter davantage il chargea sur ses épaules l'homme dont la vie paraissait enfin se ranimer; et, avec l'aide de Mordaunt, il s'achemina le long de la côte sans autre observation. Avant de quitter la place, l'étranger fit un signe en montrant la caisse, et tenta quelques efforts pour parler. Norna lui répondit : — Soyez tranquille, elle sera mise en sûreté.

En avançant vers le sentier d'Erick, par où ils devaient monter le long de la montagne, ils rencontrèrent les habitans d'Iarlshof qui venaient d'un pas rapide dans la direction opposée. Hommes et femmes, à mesure qu'ils paraissaient, firent une révérence à Norna, et la saluèrent; mais ce n'était pas sans une certaine crainte exprimée sur leurs visages. Elle les avait dépassés de quelques pas, quand, se détournant, elle appela à haute voix le Rauzellaer qui accompagnait ses concitoyens dans cette expédition de pillage autorisée par l'habitude, sinon par les lois. — Neil Ronaldson, lui dit-elle, faites attention à ce que je vais vous dire. Il y a là-bas un coffre dont le couvercle vient d'être détaché; faites-le transporter chez vous à Iarlshof, dans l'état où il est. Prenez bien garde qu'on n'en détourne le moindre objet : malheur à celui qui en touchera, qui en regardera un seul ! il vaudrait mieux pour lui qu'il fût mort. Je parle sérieusement, et je n'entends pas être désobéie.

— Votre volonté sera faite, bonne mère, répondit Ronaldson; je vous garantis que rien ne sera distrait du coffre, puisque vous l'ordonnez. Bien loin après les villageois venait une vieille femme se parlant à elle-même, et maudissant sa décrépitude qui la retenait en arrière des autres; cependant elle se hâtait autant qu'elle le pouvait pour avoir sa part du butin. Mordaunt fut étonné de reconnaître en elle la vieille femme de charge de son père : — C'est vous, Swertha, lui dit-il ; eh! que faites-vous si loin de la maison?

— Je viens d'en sortir pour chercher mon vieux maître et Votre Honneur, répondit Swertha de l'air d'un coupable qui se sent pris sur le fait; car dans plus d'une occasion M. Mertoun avait positivement exprimé combien de semblables excursions lui déplaisaient.

Mais Mordaunt était trop préoccupé pour faire attention au motif qui l'avait mise en marche. — Avez-vous vu mon père? lui demanda-t-il.

— Oui, je l'ai vu, répondit Swertha, il avait peine à descendre le sentier d'Erick, qui n'est pas un bon chemin pour un homme de son âge ; je l'ai aidé à remonter, et je l'ai ramené à la maison. J'étais justement à vous chercher pour vous dire d'aller le rejoindre; car, à mon avis, il n'est pas bien.

— Mon père est malade! s'écria Mordaunt se rappelant la faiblesse qu'il avait montrée au commencement de leur promenade du matin.

— Il est loin d'être bien ; certainement il en est loin, marmotta Swertha en branlant piteusement la tête. C'était bien à lui à vouloir descendre par ce vilain sentier!

— Retournez chez vous, Mordaunt, dit Norna qui avait entendu la conversation. Je vais veiller à tout ce qui est nécessaire à cet homme, et vous le trouverez chez le Rauzellaer quand vous voudrez en avoir des nouvelles. Il peut maintenant se passer de vous.

Mordaunt reconnut la vérité de cette observation. Il ordonna à Swertha de le suivre à l'instant, et prit le chemin qui conduisait chez son père.

Swertha suivit son jeune maître à pas lents et à contre-cœur, jusqu'à ce qu'elle l'eût perdu de vue dans le sentier d'Erick. Alors elle revint sur ses pas en murmurant entre ses dents : — Oui vraiment, retourner à la maison ! Croit-il que je veuille abandonner ma part des présens que la mer vient de nous faire ? non vraiment. Pareille aubaine n'arrive pas tous les jours. Nous n'en avons pas eu une si bonne depuis que *la Jenny* et *le James* vinrent échouer sur nos côtes, du temps du roi Charles.

En parlant ainsi elle doubla le pas ; et comme la bonne volonté remplace en partie le défaut de jambes, elle fit une merveilleuse diligence afin d'arriver à temps pour demander sa part du butin Elle ne tarda donc pas à être sur le rivage où le Rauzellaer, tout en s'occupant à remplir ses poches, exhortait ses honnêtes compagnons à partager en conscience, et avec la charité qu'on doit avoir pour son prochain ; il les engageait à faire la part des infirmes et des vieillards ; ce qui, disait-il charitablement, ferait tomber la bénédiction de Dieu sur le rivage, et leur enverrait quelques naufrages de plus avant l'hiver.

CHAPITRE VIII.

> « Les jeux, les ris, suivaient sa trace :
> « La panthère dans ses déserts,
> « Le dauphin jouant sur les mers,
> « Ne pourraient égaler sa grace. »
> WORDSWORTH.

Mordaunt, doublant le pas, arriva bientôt à Iarlshof. Il entra promptement dans la maison, car ce qu'il avait observé le matin coïncidait jusqu'à un certain point avec les idées que le conte de Swertha était de nature à lui inspirer. Il trouva cependant son père dans une pièce au fond de l'appartement, se reposant de la fatigue qu'il avait éprouvée dans sa promenade; et la première question qu'il se permit de lui adresser l'eut bientôt convaincu que la bonne femme en avait un peu imposé, pour se débarrasser de tous deux.

— Où est l'homme mourant que vous avez si sagement

voulu secourir aux risques de votre vie? demanda Mertoun à son fils.

— Norna s'est chargée de lui, et l'on peut s'en rapporter à elle.

— La magicienne se mêle donc aussi de l'art de guérir? dit Mertoun. A la bonne heure, j'y consens de tout mon cœur; c'est une peine de moins. Pour moi, je m'étais hâté de me rendre ici pour chercher des bandages et de la charpie, car, à entendre Swertha, vous deviez avoir les os rompus.

Mordaunt garda le silence, connaissant assez son père pour savoir qu'il ne continuerait pas long-temps ses questions sur ce sujet, et ne voulant ni nuire à la vieille gouvernante, ni fournir à son père l'occasion de s'abandonner à ces excès de colère auxquels il n'était que trop enclin quand il jugeait à propos, contre son habitude, de faire attention à la conduite de ses domestiques.

Il était fort tard quand Swertha revint de son expédition. Elle était excessivement fatiguée, et portait avec elle un paquet contenant sans doute sa part du butin. Mordaunt courut aussitôt à elle pour la gronder des mensonges qu'elle avait débités à son père et à lui-même, mais la commère avait sa réponse toute prête.

— Sur ma foi, répondit-elle, j'avais pensé qu'il était temps de dire à M. Mertoun d'aller à la maison préparer des bandages, quand je vous avais vu de mes propres yeux descendre du rocher comme un chat sauvage; je croyais bien que vous finiriez par vous rompre les os, et que ce serait un grand bonheur si vous n'aviez besoin que de quelques bandages. Et, par ma foi! je pouvais aussi bien vous dire, M. Mordaunt, que votre père n'était pas bien, car il avait les joues si pâles! Non, quand j'en devrais mourir, — je ne vous ai pas dit autre chose, et j'aurais défié toute personne présente de dire autrement.

— Mais, Swertha, dit Mordaunt dès qu'elle eut cessé cette espèce de plaidoyer bruyant, et qu'il put parler, — comment se fait-il que vous, qui auriez dû rester ici à filer et à veiller à la maison, vous vous soyez trouvée dès le matin au sentier d'Erick pour y prendre de mon père et de moi un soin inutile et qu'on ne vous demandait pas? Et qu'y a-t-il dans ce paquet Swertha? car je crains bien que vous n'ayez transgressé les ordres de mon père, et que votre sortie n'ait eu pour motif l'envie d'aller comme les autres piller sur le bord de la mer.

— Que le bon Dieu bénisse votre bonne mine, et que saint Ronald vous protège! répliqua Swertha d'un ton qui tenait à la fois de la flatterie et de la plaisanterie, vous ne voudriez pas empêcher une pauvre femme de profiter d'une occasion pour se mettre un peu à l'aise, en prenant une petite part dans de si bonnes choses que la mer pouvait reprendre. Oh! M. Mordaunt, c'est une si belle chose à voir qu'un vaisseau échoué, que le ministre lui-même n'y tiendrait pas, et qu'il quitterait sa chaire au milieu de son sermon pour y aller comme tous les autres : comment voulez-vous donc qu'une pauvre vieille ignorante y résiste, et qu'elle reste à sa cuisine et à son rouet? J'ai eu peu de choses pour ma peine : quelques guenilles en manière de mousseline, un ou deux morceaux de gros drap et autres choses équivalentes; ce sont les plus forts et les plus alertes qui ramassent tout dans ce monde.

— Oui, Swertha, reprit Mordaunt, et c'est d'autant plus dur pour vous, que vous aurez votre part de punition dans ce monde et dans l'autre, pour voler de pauvres marins.

— Hélas! mon jeune ami, qui punirait une vieille femme comme moi pour de pareilles vétilles? Certaines gens disent bien du mal du comte Patrice, mais il était l'ami du rivage, et il fit des lois sages pour empêcher de secourir les vaisseaux qui se brisent contre les rochers (1). Et n'ai-je pas entendu Bryce le colporteur dire que les marins perdent leurs droits du moment que la quille touche le sable? D'ailleurs les pauvres diables sont morts et trépassés; ils ne s'embarrassent guère maintenant des biens de ce monde; non, pas plus que dans le temps des Norses les grands comtes et les rois de la mer ne s'inquiétaient des trésors qu'ils enterraient dans des tombeaux. Ne vous ai-je jamais chanté, M. Mordaunt, la chanson où il est dit comment Olaf Tryguarson fit cacher avec lui dans sa tombe cinq couronnes d'or?

— Non, Swertha, répondit Mordaunt qui prenait plaisir à tourmenter la vieille pillarde; non, vous ne m'avez jamais chanté cette chanson-là; mais j'ai à vous dire que l'étranger que Norna a fait transporter au village sera demain assez bien portant pour vous demander où vous avez caché les effets que vous avez volés après le naufrage.

— Mais qui est-ce qui lui en dira un mot, mon cher monsieur? dit Swertha jetant un regard malin sur son jeune maître, surtout quand je dois vous dire que parmi les morceaux que j'ai rapportés, il y a un bon coupon de soie qui vous fera un joli justaucorps pour la première fête où vous irez.

(1) Fait littéralement vrai.

Mordaunt ne put pas long-temps s'empêcher de rire de la finesse de la vieille femme, qui, pour qu'il ne parlât pas, lui proposait une part dans son vol. Il lui dit de préparer ce qu'elle avait pour le dîner, et retourna vers son père, qu'il trouva encore assis à la même place et presque dans la même situation où il l'avait laissé.

Aussitôt après leur repas frugal, et ils ne restaient jamais long-temps à table, Mordaunt annonça à son père l'intention qu'il avait d'aller au village pour voir si le marin naufragé ne manquait de rien.

Mertoun lui donna son assentiment par un signe de tête.

— Il doit s'y trouver fort mal à l'aise, ajouta son fils. — Un autre signe de tête du père lui fit entendre qu'il était encore du même avis. — Il paraît, à en juger par les apparences, poursuivit Mordaunt, que c'est un homme d'un certain rang, et, en supposant que ces pauvres gens fassent pour lui tout ce qui est en leur pouvoir, cependant dans l'état de faiblesse où il doit être...

— Je vous entends, dit son père en l'interrompant, c'est-à-dire que vous pensez que nous devons faire quelque chose pour lui. Allez donc le trouver ; s'il a besoin d'argent, qu'il fixe la somme et il l'aura ; mais pour loger un étranger ici, et avoir commerce avec lui, c'est ce que je ne puis ni ne veux faire. Je me suis retiré à l'extrémité la plus reculée des îles de la Grande-Bretagne pour éviter les nouvelles connaissances et les nouveaux visages ; personne ne viendra ici m'étourdir les oreilles de son bonheur ou de sa misère. Quand, dans une douzaine d'années, vous aurez appris à connaître davantage le monde, vos plus anciens amis vous auront donné des raisons pour vous souvenir d'eux, et pour vous faire éviter d'en chercher de nouveaux le reste de votre vie. Allez donc, pourquoi tardez-vous? Débarrassez le pays de cet homme. Que je ne voie autour de moi que ces figures grossières dont je connais bien la bassesse et la fourberie, mais que je puis endurer par comparaison.

Il jeta ensuite sa bourse à son fils et lui fit signe de partir à la hâte.

Mordaunt ne fut pas long-temps à gagner le village. Il trouva l'étranger dans la demeure sombre et noire de Neil Ronaldson, le Rauzellaer, assis au coin du feu de tourbe, sur la même caisse qui avait excité la cupidité du dévot Bryce Snailsfoot le colporteur. Le Rauzellaer était absent, occupé à partager avec la plus stricte impartialité entre les pillards du village, les dépouilles du vaisseau naufragé, écoutant tout le monde, faisant droit aux griefs de ceux qui se plaignaient de l'inégalité des lots; et, comme si la chose n'eût pas été du commencement à la fin criminelle et sans excuse, jouant dans tous les détails le rôle d'un magistrat sage et prudent : car alors, et probablement dans des temps plus voisins de nous, les classes inférieures de ces insulaires conservaient l'opinion commune aux barbares habitans des parages semblables, que tout ce que la mer jetait sur leurs bords, devenait incontestablement leur propriété.

Marguerite Bimbister, digne épouse du Rauzellaer, était seule à garder la maison, et elle introduisit Mordaunt auprès de son hôte, en disant à celui-ci sans grande cérémonie : — Voici le jeune tacksman; vous lui direz peut-être votre nom, quoique vous n'ayez pas voulu nous le dire. Si ce n'avait pas été lui, il y a à parier que vous n'auriez pu le dire à personne de votre vivant.

L'étranger se leva, prit la main de Mordaunt, et la lui serra en lui disant qu'il avait appris que c'était à lui qu'il devait la conservation de sa vie et de son coffre. — Quant au reste de ce que je possédais, dit-il, il n'y faut plus penser, car les gens de ce pays sont aussi âpres à la curée que le diable dans un ouragan.

— Et à quoi donc vous a servi votre habileté dans la manœuvre, dit Marguerite, que vous n'avez pu éviter d'aller chercher le cap de Sumburgh, car il se serait passé bien du temps avant qu'il fût venu vous trouver?

— Laissez-nous un moment seuls, bonne Marguerite Bimbister, dit Mordaunt; je désire avoir une conversation en particulier avec ce *gentleman* (1).

— Gentleman! dit Marguerite avec emphase; ce n'est pas qu'il ne soit assez bien, ajouta-t-elle en le mesurant une seconde fois de l'œil, mais je doute que ce nom lui convienne parfaitement.

Mordaunt regarda aussi l'étranger, et il fut d'une opinion différente. C'était un homme un peu au-dessus de la moyenne taille, et il était aussi bien fait qu'il paraissait vigoureux. Mordaunt n'avait pas encore beaucoup d'expérience du monde, mais il pensa que sa nouvelle connaissance joignait les manières franches et ouvertes d'un marin à un air de hardiesse, et à de beaux traits brunis par le soleil, qui semblaient prouver qu'il avait parcouru divers climats. Il répondit avec ai-

(1) Titre que donnent les Anglais pour distinguer un homme qui, noble ou non, a reçu une éducation distinguée. *Homme comme il faut* serait peut-être un équivalent. — Éd.

sance, et même avec une sorte de gaieté, aux questions que lui fit Mordaunt sur l'état de sa santé, et l'assura qu'une bonne nuit ferait disparaître toutes les suites de l'accident qu'il venait d'essuyer; mais il se plaignit amèrement de l'avarice et de la curiosité du Rauzellaer et de sa femme.

— Cette vieille bavarde, dit-il, m'a persécuté tout le jour pour savoir le nom du vaisseau qui a péri. Il me semble qu'elle aurait pu se contenter de la part qu'elle a eue dans le pillage. J'en étais le principal propriétaire, et ils ne m'ont laissé que mes vêtemens. Y a-t-il dans ce pays sauvage quelque magistrat ou juge de paix disposé à secourir un malheureux au milieu des voleurs ?

Mordaunt lui cita Magnus Troil, qui était le principal propriétaire, et en même temps le *Fowde* ou Juge Provincial du district, et lui dit qu'il en obtiendrait probablement justice. Il regretta que sa jeunesse et la situation de son père, qui menait une vie extrêmement retirée, ne lui donnassent pas les moyens de lui offrir la protection dont il avait besoin.

— Quant à vous, monsieur, vous en avez déjà fait assez, dit le marin; mais, si j'avais seulement avec moi cinq des quarante braves qui sont à présent la pâture des poissons, au diable si je demandais à quelqu'un de me rendre une justice que je pourrais me rendre moi-même!

— Vous aviez quarante hommes! dit Mordaunt, c'était un équipage bien nombreux pour le port de votre vaisseau.

— Il ne l'était pas encore assez. Nous avions dix canons sans compter ceux de l'avant; mais nous avions perdu quelques-uns de nos hommes dans notre croisière, et nous étions encombrés de marchandises. Six de nos canons servaient de lest. — Oh! si j'avais eu assez de monde, nous n'aurions pas fait un naufrage aussi infernal. Tous mes gens étaient épuisés de fatigue à force de pomper, et ils ont fini par se jeter dans les chaloupes, me laissant seul dans le vaisseau pour périr avec lui, ou me sauver à la nage. Mais les misérables en ont été bien payés, et je puis leur pardonner. Les chaloupes ont coulé à fond au milieu du courant; ils ont tous péri, et me voilà.

— Vous veniez donc, demanda Mordaunt, des Indes occidentales par la route du Nord?

— Oui; le vaisseau se nommait *la Bonne-Espérance de Bristol;* c'était une lettre de marque. Nous avions fait d'assez bonnes affaires dans les mers de la Nouvelle-Espagne, comme bâtiment marchand ou comme navire d'armateur; mais à présent tout est dit. Je me nomme Clément Cleveland, je suis capitaine, et, comme je vous l'ai déjà dit, propriétaire en partie de ce bâtiment. Je suis né à Bristol. Mon père était bien connu sur le Tollsell : c'était le vieux Clément Cleveland de College-Green.

Mordaunt sentait qu'il n'avait pas le droit de lui demander plus de détails, et cependant il lui semblait qu'il n'était qu'à demi satisfait de ce qu'il venait d'apprendre. Il remarquait dans l'étranger une affectation de brusquerie et un air de bravade dont les circonstances ne justifiaient pas la nécessité.

Le capitaine Cleveland avait souffert du brigandage des insulaires, mais il n'avait reçu de Mordaunt que des services, et cependant il semblait accuser indistinctement tous les habitans. Mordaunt baissa la vue et garda le silence, hésitant s'il devait prendre congé de lui ou lui faire de nouvelles offres de service. Cleveland eut l'air de l'avoir deviné, car il ajouta aussitôt avec plus de cordialité : — Je suis un franc marin, M. Mordaunt, car j'entends dire que tel est votre nom ; je suis ruiné de fond en comble, et cela ne donne ni bonne humeur ni bonnes manières ; quoi qu'il en soit, vous avez agi envers moi en ami, et il est possible que j'y sois aussi sensible que si je vous en faisais plus de remerciemens. C'est pourquoi, avant de quitter cette maison, je veux vous donner mon fusil de chasse. Il est en état de mettre cent grains de petit plomb dans le bonnet d'un Hollandais, à quatre-vingts pas. On peut aussi le charger à balle, et j'ai renversé un buffle à cent cinquante verges. Mais j'en ai deux autres qui sont aussi bons, même meilleurs ; ainsi gardez celui-ci en souvenir de moi.

— Ce serait prendre ma part du pillage, répondit Mordaunt en riant.

— Pas du tout, reprit Cleveland en ouvrant un étui ou boîte qui contenait des fusils et des pistolets. Vous voyez que j'ai sauvé mes armes ainsi que mes habits : cette grande vieille femme y a parfaitement veillé ; et, entre nous, cette caisse vaut tout ce que j'ai perdu, ajouta-t-il en baissant la voix et en regardant autour de lui. Quand je fais sonner aux oreilles de ces requins de terre que je suis ruiné, je ne veux pas dire que je le sois tout-à-fait et sans aucune ressource ; non, non : voici quelque chose qui vaut mieux que des grains de plomb à tuer des oiseaux. — Et tout en parlant il tira de la caisse un grand sac de munition étiqueté : —

plomb de chasse; et il s'empressa de faire voir à Mordaunt qu'il était plein de pistoles d'Espagne et de portugaises, nom qu'on donnait aux larges pièces d'or de Portugal. Non, non, continua-t-il en souriant, il reste assez de lest pour mettre à flot un autre vaisseau. D'après cela, accepterez-vous mon fusil?

— Puisque vous voulez bien me le donner, répondit Mordaunt en souriant, de tout mon cœur; j'allais justement vous demander au nom de mon père, ajouta-t-il en lui montrant la bourse, si vous aviez besoin de ce même lest.

— Je vous remercie; vous voyez que je suis pourvu. Mais prenez, mon brave ami, et puisse-t-il vous servir comme il m'a servi; mais vous ne ferez jamais avec lui des voyages comme j'en ai fait. Vous savez tirer, je suppose?

— Passablement, répondit Mordaunt tout en admirant le fusil, qui était de fabrique espagnole, damasquiné en or, de petit calibre, plus long qu'un fusil ordinaire, et paraissant fait pour la chasse aux oiseaux aussi-bien que pour le tir à la balle.

— Avec du petit plomb, continua le marin, jamais fusil n'a serré de plus près son gibier; et avec une seule balle vous pouvez tuer un veau marin à cent toises en mer, du sommet de vos côtes les plus escarpées; mais je vous le répèterai, jamais cette arme ne vous rendra les mêmes services qu'elle m'a rendus.

— Je ne m'en servirai peut-être pas aussi adroitement que vous, reprit Mordaunt.

— Ah, ah, cela est possible, répliqua Cleveland, mais ce n'est pas ce dont il s'agit. Quand on est sûr de tuer l'homme qui tient le gouvernail, en montant à l'abordage sur un bâtiment espagnol, que dites-vous de cela? C'est pourtant ce qui m'est arrivé. Nous nous sommes emparés du navire, le sabre à la main, et il en valait la peine; c'était un fort brigantin, *le Saint-François*, destiné pour Porto-Bello, avec une cargaison d'or et de nègres. Chaque petit grain de plomb nous valut vingt mille pistoles.

— Je n'ai pas encore ajusté de tel gibier, dit Mordaunt.

— A la bonne heure, chaque chose a son temps. On ne peut lever l'ancre qu'au départ de la marée. Mais vous êtes un beau garçon, jeune, actif, robuste, pourquoi n'iriez-vous pas à la chasse de pareils oiseaux? dit-il en mettant la main sur le sac rempli d'or.

— Mon père parle de me faire bientôt voyager, lui répliqua Mordaunt qui, habitué à voir avec respect l'équipage d'un vaisseau de guerre, sentait son amour-propre flatté par cette invitation de la part d'un homme qui paraissait un marin consommé.

— Je sais gré à votre père de cette pensée, dit Cleveland, et je lui ferai ma visite avant de lever l'ancre. J'ai un *vaisseau-matelot* à la hauteur de ces îles, et je consens qu'il aille au diable; il saura bien me retrouver quelque part, quoique nous ne nous soyons pas séparés en fort bonne intelligence, à moins qu'il n'ait aussi été trouver Davy Jones (1). Mais il était en meilleur état que nous, sa cargaison était moins lourde que la nôtre, il doit avoir résisté. Nous suspendrons un hamac pour vous à bord, et nous ferons de vous un marin, un homme comme nous.

(1) Expression proverbiale, *au fond de la mer*. — Éd.

— Cela me conviendrait fort, répondit Mordaunt qui soupirait de voir le monde plus que sa situation isolée ne le lui avait permis jusqu'alors; mais il faut que mon père en décide.

— Votre père? bon! repartit le capitaine Cleveland. Mais vous avez raison, ajouta-t-il en changeant de ton: j'ai vécu si long-temps en mer que je ne puis m'imaginer que personne que le capitaine ou le maître ait le droit d'ordonner; je le répète, vous avez raison. Je vais aller de ce pas voir le papa, et lui parler moi-même. N'est-ce pas lui qui demeure dans cette belle maison, bâtie à la moderne, que je vois à un quart de mille d'ici?

— Oh! non, dit Mordaunt; il habite au contraire ce vieux château tombant en ruines, mais il ne veut voir personne.

— En ce cas, il faut promptement décider cette question vous-même, car je ne puis rester long-temps dans cette latitude. Puisque votre père n'est pas magistrat, il faut que j'aille voir ce Magnus; comment l'appelez-vous? Il n'est pas juge de paix, mais quelque autre chose qui me servira tout autant. Ces coquins m'ont pris deux ou trois objets qu'il faut qu'on me rende. Qu'ils gardent le reste, et qu'ils aillent au diable! Voulez-vous me donner une lettre pour que je puisse me présenter à lui?

— Je n'en vois pas la nécessité, répondit Mordaunt; il suffit que vous ayez fait naufrage, et que vous ayez besoin de lui. Cependant je vous donnerai volontiers un mot de recommandation pour lui.

— Voilà, dit le capitaine en tirant une écritoire de son coffre, voilà tout ce qui vous est nécessaire pour faire votre lettre. Pendant que vous écrirez, puisqu'on a forcé les pentures, je vais clouer les écoutilles et mettre la cargaison en sûreté.

En effet, pendant que Mordaunt écrivait la lettre dans laquelle il racontait les circonstances qui avaient jeté le capitaine Cleveland à la côte, celui-ci, après avoir fait un triage de quelques habillemens et autres objets dont il remplit un havresac qu'il mit à part, prit un marteau et des clous, et ferma sa caisse aussi bien qu'aurait pu le faire le meilleur ouvrier; ensuite, pour plus de sûreté, il l'entoura d'une corde qu'il noua et attacha avec l'adresse d'un marin. — Je laisse le tout en votre garde, à l'exception de ceci, dit-il en montrant le sac d'or, et de cela, ajouta-t-il en prenant un sabre et des pistolets, qui me garantira du risque de me séparer d'avec mes portugaises.

— Vous n'avez pas besoin d'armes dans ce pays, capitaine Cleveland, lui dit Mordaunt; un enfant voyagerait sans risque, une bourse d'or à la main, depuis le cap de Sumburgh jusqu'au scaw d'Unst, sans que personne songeât à la lui prendre.

— C'est fort bien dit, jeune homme; mais il me semble que c'est en dire beaucoup, quand je considère ce qui se passe en ce moment.

— Oh! répliqua Mordaunt un peu confus, les gens de ce pays regardent comme leur propriété légitime ce que la mer envoie à terre avec le flux. On croirait qu'ils ont pris des leçons de sir Arthegal lui-même, qui s'exprime ainsi :

> Des biens dont une fois la mer s'est emparée
> Chacun a désormais droit de faire curée ;
> Et ce qu'on lui confie à porter sur son sein
> Change à son gré de maître, ou disparaît soudain.

— Ces vers, dit le capitaine, me donneront pour toute ma vie de l'estime et du respect pour les comédies et les ballades ; et de fait, je les aimais assez dans mon temps. Voilà vraiment une bonne doctrine, et plus d'un marin peut déployer ses voiles à un pareil vent. Ce que la mer envoie est à nous, cela est assez sûr ; mais si vos bonnes gens s'avisent de s'imaginer que la terre leur doit des épaves comme la mer, je prendrai la liberté de m'y opposer le sabre et les pistolets en main. Voulez-vous bien mettre mon coffre en sûreté chez vous jusqu'à ce que je vous donne de mes nouvelles, et par votre crédit me procurer un guide pour me montrer le chemin et porter mon sac ?

— Voulez-vous aller par terre ou par mer ? demanda Mordaunt.

— Par mer ! s'écria Cleveland, quoi ! dans une de ces coquilles de noix, et coquilles de noix fendues ! non, non, la terre, la terre, à moins que je n'aie mon vaisseau et mon équipage.

Ils se quittèrent. Le capitaine, accompagné de son guide, partit pour Burgh-Westra, et Mordaunt prit le chemin d'Iarlshof en faisant emporter la caisse de Cleveland, qu'il déposa dans la maison de son père.

CHAPITRE IX.

> « Ce colporteur paraît un homme honnête et sage ;
> » Vraiment, d'Autolycus (1) il n'a point le langage,
> » Ni ces brimborions frivoles et mondains
> « Qui devraient chez Satan rester en magasins.
> » Écoutez ses propos : — à chaque marchandise
> » Il attache un conseil qui vaut ceux de l'Église. »
>
> *Ancienne comédie.*

Le lendemain matin, Mordaunt, questionné par son père, commença à lui donner quelques détails sur le naufragé qu'il avait sauvé des vagues. Mais il n'avait encore répété que quelques-unes des particularités mentionnées par Cleveland, lorsque les regards de M. Mertoun se troublèrent ; il se leva brusquement, et après avoir parcouru deux ou trois fois l'appartement dans toute sa longueur, il se retira dans son cabinet,

(1) Colporteur fripon dans le *Conte d'hiver*, de Shakspeare.
Éd.

où il se confinait quand il était sous l'influence de son humeur noire. Le soir il reparut sans aucune trace de son indisposition, mais on supposera facilement que son fils ne revint plus sur le sujet qui l'avait affecté.

Mordaunt Mertoun fut donc laissé à lui-même pour former à loisir sa propre opinion sur la nouvelle connaissance que la mer lui avait envoyée. Sans pouvoir s'en rendre compte, il fut surpris de ne pouvoir en penser très-favorablement. C'était un homme bien fait, avec des manières franches et engageantes; mais il y avait en lui une certaine prétention de supériorité qui ne pouvait plaire à Mordaunt. Quoique chasseur assez ardent pour être ravi de son fusil espagnol, et quelque intérêt qu'il mît à le monter et démonter, en considérant minutieusement tous les détails de la batterie et des ornemens, toutefois il était enclin à concevoir quelques scrupules sur la manière dont il l'avait acquis.

— Je n'aurais pas dû l'accepter, pensait-il : peut-être le capitaine Cleveland a pu me le donner comme une espèce de paiement du léger service que je lui ai rendu. Cependant il eût été malhonnête de le refuser, de la façon dont il m'a été offert. Je suis fâché que ce capitaine n'ait pas davantage l'air d'un homme envers qui on aurait plus volontiers contracté des obligations.

Mais un jour de bonne chasse le réconcilia avec son fusil; et il resta assuré, comme la plupart des jeunes chasseurs en semblable circonstance, que tous les autres fusils n'étaient que des canonnières (1) en comparaison du sien. Mais être réduit à tirer des mouettes et des veaux marins, quand il y avait des Français et des

---

(1) Pop-guns. — Éd.

Espagnols à attaquer, des vaisseaux à prendre à l'abordage, des timoniers à viser, ne lui paraissait plus qu'une ennuyeuse et méprisable destinée. Son père lui avait parlé de quitter ces îles, et son inexpérience ne lui permettait de penser à aucun autre métier que celui de la mer, avec laquelle il était familiarisé depuis son enfance. Son ambition naguère n'avait eu d'autre but que celui de partager les fatigues et les dangers d'une pêche du Groënland, car c'était là que les Shetlandais allaient chercher leurs plus périlleuses aventures. Mais depuis que la guerre avait recommencé, les exploits de sir Francis Drake, du capitaine Mordaunt, et autres fameux aventuriers dont Bryce Snailsfoot lui avait vendu l'histoire, faisaient plus d'impression sur son esprit; et l'offre du capitaine Cleveland de le prendre à son bord se présentait souvent à son souvenir, quoique le charme d'un tel projet s'évanouît un peu quand il s'élevait en lui le doute de savoir si, dans une longue navigation, il ne trouverait pas des objections nombreuses contre son futur commandant. Il voyait déjà qu'il était obstiné dans son opinion, et qu'il pourrait bien être arbitraire, puisque même sa bienveillance était mêlée d'une affectation de supériorité; et par conséquent un instant d'humeur pouvait rendre ce défaut bien plus désagréable encore pour ceux qui naviguaient sous ses ordres.

Cependant, après avoir récapitulé toutes les objections, avec quel plaisir, se disait-il, s'il pouvait obtenir le consentement de son père, il s'embarquerait à la recherche d'objets nouveaux pour lui, et d'aventures extraordinaires dans lesquelles il se proposait de faire des exploits qui fourniraient matière à maints récits pour les aimables sœurs de Burgh-Westra; récits qui feraient pleurer Minna, sourire Brenda, et que toutes deux admireraient. — Telle devait être la récompense de ses travaux et de ses dangers; car le foyer de Magnus Troil avait une influence magnétique sur ses pensées et ses rêveries, et c'était le point où elles se fixaient toujours.

Parfois Mordaunt songeait à rapporter à son père la conversation qu'il avait eue avec le capitaine Cleveland, et la proposition du marin, mais l'entretien court et général qu'il avait eu à son sujet avec son père, le matin de son départ, avait produit un funeste effet sur l'esprit de M. Mertoun, et décourageait Mordaunt d'y revenir même indirectement. Il serait temps, pensait-il, de lui faire part de la proposition du capitaine Cleveland quand son vaisseau-matelot arriverait, et qu'il lui répèterait ses offres d'une manière plus formelle, événement qu'il supposait devoir être très-prochain.

Mais les jours firent des semaines, les semaines des mois, et il n'entendit plus parler de Cleveland; il apprit seulement par les visites de Bryce Snailsfoot que le capitaine résidait à Burgh-Westra, comme s'il eût été un membre de la famille. Mordaunt en fut un peu surpris, quoique l'hospitalité sans bornes des îles Shetland, que Magnus Troil aimait à exercer plus que personne, lui eût fait trouver naturel que le capitaine demeurât chez l'Udaller jusqu'à ce qu'il eût disposé autrement de lui-même. Cependant il semblait étrange que ce Cleveland n'eût pas été dans quelques îles plus au nord pour s'informer du vaisseau qui naviguait avec lui, ou qu'il n'eût pas préféré résider à Lerwick, où des bâtimens pêcheurs apportaient souvent des nouvelles des côtes et des ports de l'Écosse et de la Hollande. Et puis, pourquoi n'envoyait-il pas chercher le coffre qu'il avait déposé à Iarlshof? Bien plus, Mordaunt pensait qu'il aurait été poli de la part de l'étranger de lui transmettre quelque message comme marque de souvenir.

Ces sujets de réflexions étaient liés à un autre encore plus désagréable et plus difficile à expliquer. Jusqu'à l'arrivée de ce personnage, à peine une semaine se passait sans qu'il reçût quelque gage d'amitié et de souvenir de Burgh-Westra; jamais il ne manquait de prétexte pour entretenir des communications suivies; Minna avait besoin des paroles d'une ballade norse, ou demandait, pour ses diverses collections, des plumes, des œufs, des coquillages et des plantes marines rares. Brenda faisait passer une énigme à deviner, ou une chanson à apprendre. Le vieux Udaller aussi, dans un griffonnage qui aurait pu passer pour une inscription runique, envoyait ses complimens affectueux à son jeune ami, avec un présent de provisions, et la prière de venir bientôt à Burgh-Westra pour y demeurer le plus long-temps possible. Ces gages de souvenir parvenaient souvent par un exprès, et en outre il n'y avait jamais de voyageur allant d'une habitation à une autre qui n'apportât à Mordaunt quelque preuve des dispositions amicales de l'Udaller et de sa famille. Dans ces derniers temps, ces relations étaient devenues de plus en plus rares, et aucun messager de Burgh-Westra n'avait visité Iarlshof depuis plusieurs semaines. Mordaunt observa avec chagrin ce changement, et il ne manqua pas de faire à Bryce toutes les questions que l'orgueil et la prudence lui permirent, pour s'assurer de la cause de la négligence de ses amis. Cependant il affecta un air d'indifférence en demandant au colporteur s'il n'y avait pas de nouvelles dans le pays.

— Des nouvelles! de grandes et beaucoup, répondit le colporteur. Ce facteur au cerveau fêlé va changer les *bismars* et les lispunds (1); et notre digne Fowde, Magnus Troil, a juré que, plutôt que d'adopter de nouvelles mesures, il précipiterait le facteur Yellowley du haut du rocher de *Brassa*.

— Est-ce là tout? dit Mordaunt très-peu intéressé.

— Tout! c'est assez, je pense, reprit le marchand forain : comment les gens vendront-ils et achèteront-ils, si on leur change les poids et les mesures?

— Cela est vrai, dit Mordaunt; mais n'a-t-on pas signalé des vaisseaux étrangers sur les côtes?

— Six dogres hollandais à Brassa, et, dit-on, une grande galiote, qui a jeté l'ancre dans la baie de Scolloway : elle vient sans doute de Norwège.

— Point de vaisseaux de guerre, point de sloops?

— Aucun depuis que *le Milan* est parti avec les hommes *pressés* (2). Si Dieu le voulait, et que nos hommes fussent dehors, je désirerais que la mer l'engloutît.

— Y avait-il quelque chose de nouveau à Burgh-Westra? Toute la famille y est-elle en bonne santé?

— Bonne, très-bonne. On y est en train de rire et de danser toute la nuit avec le capitaine étranger qui y de-

---

(1) Mesures d'origine norwégienne dont on se sert encore dans les îles Shetland. — Éd.

(2) Le sens de cet adjectif est clair pour ceux qui n'ignorent pas que la *presse* des matelots anglais est une conscription arbitraire par laquelle on enrôle à l'improviste les marins à la veille d'une expédition. — Éd.

meure; celui qui a fait naufrage à Sumburgh-Head. Il n'y avait pas de quoi rire alors.

— Rire, danser chaque nuit! dit Mordaunt un peu mécontent. Avec qui danse le capitaine Cleveland?

— Avec qui il veut, je pense; il n'y a personne qu'il ne mette en train avec son violon; mais je m'en occupe fort peu, et ma conscience ne me permet guère de regarder des pirouettes. Les gens devraient se souvenir que la vie n'est qu'un tissu de mauvaise laine.

Mordaunt, aussi mécontent de ce que lui apprenait cette réponse que des scrupules affectés du colporteur, lui dit:

— Je crois que c'est de peur que les gens n'oublient cette salutaire vérité, que vous leur vendez des marchandises si mondaines.

— Vous me disiez que j'aurais dû me souvenir que vous aimiez vous-même la danse et le violon, monsieur Mordaunt, mais je suis un vieillard, je dois décharger ma conscience. Après tout, je vous garantis que vous serez au bal qui aura lieu à Burgh-Westra, la veille de Jean (ou Saint-Jean, comme les hommes aveugles l'appellent) (1); et à coup sûr vous aurez besoin de quelques parures mondaines : bas, gilets ou autres. J'ai des marchandises de Flandre.

Et à ces mots il plaça sa balle sur la table et commença à l'ouvrir.

— La danse! répéta Mordaunt; la danse la veille de la Saint-Jean? Vous a-t-on chargé de m'y inviter, Bryce?

— Non, mais vous savez assez que vous serez bien

---

(1) Le colporteur est un protestant rigoriste. — Éd.

accueilli, invité ou non. Ce capitaine, comment l'appelez-vous? doit être le chef, le premier de la bande, comme on dit, je crois.

— Le diable l'emporte! dit Mordaunt impatienté.

— Cela viendra! reprit le colporteur; ne poussez le bétail de personne, le diable aura sa part, je vous le garantis, ou ce ne sera pas faute de le chercher. C'est la vérité que je vous dis-là, quand vous me regarderiez encore davantage, comme un chat sauvage, avec de grands yeux; et ce même capitaine, quel est donc son nom? m'a acheté un de ces gilets que je vais vous montrer, rouge, avec une riche bordure et joliment brodé. J'en ai un coupon pour vous tout-à-fait semblable avec un liseré vert; et si vous voulez danser auprès de lui, il faut l'acheter, car c'est une étoffe qui est bien du goût des jeunes filles aujourd'hui. Voyez, regardez-la, ajouta-t-il en déployant le coupon dans tous les sens; voyez-le avec la lumière; voyez-le à l'endroit et voyez-le à l'envers. C'est une étoffe venue des Pays-Bas : elle vaut quatre dollars; et le capitaine en a été si satisfait qu'il m'a jeté vingt shillings Jacobus, en me disant de garder la différence et d'aller au diable! Pauvre profane, je le plains!

Sans s'informer si le colporteur témoignait sa compassion sur l'imprudence mondaine du capitaine Cleveland ou sur son manque de religion, Mordaunt lui tourna le dos, croisa les bras, et fit plusieurs pas dans l'appartement en se répétant à lui-même :

— Non invité! un étranger être le roi de la fête! mot qu'il prononça tant de fois que Bryce en entendit au moins la moitié.

— Quant à ce qui est d'être invité, je me permettrai de vous dire, monsieur Mordaunt, que vous serez invité.

— A-t-on parlé de moi? demanda Mordaunt.

— C'est ce que je ne saurais dire précisément, répondit Bryce Snailsfoot; mais vous n'avez que faire de détourner la tête d'un air si farouche, comme un veau marin qui quitte le rivage; car, voyez-vous, j'ai entendu distinctement dire que tous les gens du pays seront conviés. Peut-on penser qu'on vous oublierait? vous, un ancien ami (Dieu vous réserve une meilleure louange dans son temps de miséricorde!); vous dont le pied est le plus agile de tous ceux qui ont jamais fait des cabrioles au son du violon, dans ces îles! Je vous regarde donc comme invité, et vous ferez sagement de vous pourvoir d'un gilet; car tout le monde sera brave à cette fête. Le Seigneur en ait compassion!

Il ne cessa de suivre de l'œil les mouvemens du jeune Mordaunt Mertoun, qui continuait à parcourir la chambre d'un air distrait que le colporteur interpréta mal probablement, car il pensait, comme Claudio (1), que si un homme est triste, c'est qu'il manque d'argent. C'est pourquoi, après une autre pause, Bryce l'accosta en lui disant :

— Il ne faut pas que cela vous inquiète, monsieur Mordaunt, car, quoique j'aie fait payer le capitaine au plus juste prix, cependant je puis vous traiter en ami, comme une pratique, et réduire le prix de l'article, comme on dit, à la portée de votre bourse; il m'est encore égal d'attendre jusqu'à la Saint-Martin ou même la Chandeleur. Je suis un homme honnête, monsieur Mordaunt, Dieu me garde de presser qui que ce soit, et encore moins un ami qui m'a déjà plusieurs fois

(1) *Much can ado about nothing* de Shakspeare. — Éd.

acheté; ou bien je me contenterais de vous laisser l'étoffe pour sa valeur en plumes, en peaux de loutres ou toute autre espèce de pelleterie. Personne ne sait mieux que vous comment se procurer ces choses-là, et je suis sûr de vous avoir fourni la meilleure des poudres. Je ne sais si je vous ai dit qu'elle venait de la provision du capitaine Plumet, qui périt sur le scaw d'Unst avec le brick *Marie*, il y a six ans. Il était lui-même grand chasseur, et heureusement sa boîte à poudre parvint à sec sur la côte. Je n'en vends qu'aux bons tireurs. Je vous disais donc que, si vous avez quelque chose à donner en échange pour le gilet, je suis prêt à faire ce troc avec vous; car assurément vous serez demandé à Burgh-Westra la veille de Saint-Jean, et vous ne voudriez pas être mis plus mal que le capitaine; cela ne serait pas convenable.

— J'y serai du moins, invité ou non, dit Mordaunt s'arrêtant tout court et prenant l'étoffe des mains du colporteur; — et, comme vous le dites, je ne leur ferai pas honte.

— Prenez garde, prenez garde, monsieur Mordaunt, s'écria le marchand forain; vous la maniez comme si c'était une toile d'emballage, vous la mettrez en morceaux: vous pouvez bien dire que ma marchandise est fine. Rappelez-vous que le prix est de quatre dollars. Vous mettrai-je sur mon livre pour cela?

— Non, dit brusquement Mordaunt. Et prenant sa bourse il en tira l'argent.

— Dieu vous fasse la grace de porter le gilet, dit le colporteur tout content, et à moi celle de faire valoir ces dollars! Qu'il nous préserve des vanités terrestres et d'une avidité mondaine! Qu'il vous envoie le vêtement blanc de la parabole, qui est bien plus à désirer que les mousselines, les batistes, les linons et les soies de ce monde! Qu'il m'accorde à moi les talens, qui sont plus utiles que l'or le plus pur d'Espagne ou des dollars de Hollande. Et... et... mais, Dieu assiste le jeune homme! pourquoi manier ainsi cette soie comme un bouchon de foin?

En ce moment, la vieille Swertha, la femme de charge, entrait dans l'appartement. Mordaunt, comme pressé de se distraire de ce qui l'occupait, lui jeta son emplette avec une espèce de dédain insouciant; et lui ayant dit de la mettre de côté, il prit son fusil qui était dans un coin, avec son attirail de chasse, et sortit sans faire attention à Bryce qui voulait entamer une autre conversation sur la belle peau de veau marin aussi douce que celle d'un chamois,—dont étaient faits l'étui de son fusil et de sa bretelle.

Le colporteur, avec ses petits yeux verts que nous avons déjà décrits, continua pendant quelque temps à regarder le chaland qui traitait sa marchandise avec tant d'irrévérence.

Swertha le regarda elle-même avec quelque surprise.
— Le jeune homme est fou! dit-elle.
— Fou, répéta le colporteur, il sera comme son père. Traiter ainsi une étoffe qui lui coûte quatre dollars. Il n'y a pas de poisson aussi fou que celui-là, comme disent les pêcheurs de l'Eske.
— Quatre dollars pour ce chiffon! dit Swertha qui ne s'attacha qu'aux mots imprudens qui venaient d'échapper au colporteur; voilà un bon marché, ma foi! Je ne sais s'il est plus fou que vous n'êtes fripon, Bryce Snailsfoot.

— Je ne dis pas que cela lui ait coûté précisément quatre dollars ; mais, quand cela serait, l'argent du jeune homme est à lui, j'espère, et il est assez grand pour faire lui-même ses emplettes ; et d'ailleurs la marchandise vaut bien l'argent, et plus encore.

— Plus encore ! dit Swertha froidement, je veux voir ce que son père en pense.

— Vous ne serez pas si méchante, mistress Swertha, ce serait mal me remercier du joli fichu que je vous ai apporté de Lerwick.

— Et que vous vendez assez cher, car voilà où aboutissent vos complaisances officieuses.

— Vous fixerez vous-même le prix, ou vous me le paierez quand vous achèterez quelque chose pour la maison ou pour votre maître ; il servira à arrondir un compte.

— Vrai, bien vrai, Bryce Snailsfoot ? Je crois que nous aurons besoin de quelque cotonnade : car il ne faut pas qu'on dise que nous savons filer comme s'il y avait une maîtresse dans la maison ; aussi nous ne faisons aucune espèce de toile ici.

— Et voilà ce que j'appelle vivre selon la sainte Écriture, dit le colporteur : — Songez à ceux qui achètent comme à ceux qui vendent : — il y a beaucoup à gagner dans ce texte.

— Il y a plaisir à faire des affaires avec un homme sage, qui sait mettre tout à profit, dit Swertha ; et maintenant que j'examine mieux l'emplette de ce jeune fou, je pense qu'elle vaut bien quatre dollars.

CHAPITRE X.

> « J'ai réglé le Ciel et la distribution des saisons.
> » Le soleil a écouté mes décrets et passé d'un
> » tropique à l'autre, dirigé par moi; à mon
> » commandement les nuages ont versé leurs
> » eaux. »
>
> Rasselas.

Le même motif de réflexion pénible et humiliante qui, dans l'âge avancé, occasione une inactivité pensive et boudeuse, ne fait qu'exciter la jeunesse à un exercice violent, comme si, semblable au cerf blessé, elle cherchait à s'étourdir sur la douleur du trait fatal par la rapidité de ses mouvemens. Quant Mordaunt eut pris son fusil et fut sorti de la maison d'Iarshof, il parcourut à grands pas la campagne sans aucun but déterminé, excepté celui d'échapper à l'amertume de son propre dépit. Son orgueil était mortifié par les propos du colporteur, qui s'accordaient exactement avec les doutes qu'il avait conçus d'après le long silence de ses amis de Burgh-Westra.

Si la fortune de César l'avait condamné, selon l'idée du poète, à n'avoir été que

Le meilleur des lutteurs applaudis dans le cirque,

il est permis cependant de présumer qu'un échec dans cet exercice l'aurait autant humilié qu'aurait pu le faire la victoire du rival auquel il disputait l'empire du monde. De même, Mordaunt Mertoun, dégradé à ses propres yeux du rang qu'il avait occupé comme le premier des jeunes gens de l'île, était aussi irrité qu'humilié. Les deux jolies sœurs, dont chacun était jaloux d'obtenir le sourire, avec lesquelles il avait entretenu long-temps une amitié si intime que, sans que rien en altérât l'innocence, il s'y mêlait quelque teinte de tendresse indéfinissable, mais plus vive que l'amitié fraternelle; ces jolies sœurs aussi semblaient l'avoir oublié. Il ne pouvait ignorer que, dans l'opinion générale, il aurait pu prétendre à être l'amant préféré de l'une des deux, et maintenant, tout à coup, sans aucun tort de sa part, il leur était devenu si indifférent, qu'il avait perdu ce qui survit même à une liaison ordinaire. Le vieux Udaller, dont le caractère cordial et sincère aurait dû être plus constant dans son affection, semblait avoir été aussi léger que ses filles; et le pauvre Mordaunt avait perdu à la fois le sourire de la beauté et la faveur du pouvoir : c'étaient de tristes réflexions, et il doubla le pas pour s'en distraire s'il était possible.

Sans trop réfléchir à la route qu'il prenait, Mordaunt s'avançait à travers un pays où ni haie, ni mur, ni enclos d'aucune sorte n'arrêtent le voyageur, jusqu'à ce qu'il parvint à un endroit très-solitaire entouré de collines, au milieu desquelles était un de ces petits lacs communs dans les îles Shetland, et dont les eaux qui s'en échappent forment les sources des petits ruisseaux et des petites rivières par lesquels le pays est arrosé, et qui servent à faire mouvoir les moulins.

C'était un beau jour d'été, les rayons du soleil, comme cela n'est pas rare dans les îles Shetland, étaient tempérés par une vapeur argentée qui, voilant l'atmosphère et détruisant le contraste frappant de l'ombre et de la lumière, prêtait même au jour de midi les douces teintes du crépuscule. Le petit lac, qui n'avait pas plus d'un mille de circuit, était dans un calme profond, et offrait une surface polie, excepté lorsqu'un des nombreux oiseaux qui glissaient sur son onde venait à s'y plonger un instant ; l'abondance des eaux lui donnait cette nuance de vert azuré d'où lui venait le nom de Green-Loch (1). Dans ce moment il formait un miroir si transparent pour les blanches collines qui se réfléchissaient dans son cristal, qu'il était difficile de distinguer la terre de l'onde. D'ailleurs, dans l'ombre douteuse causée par la brume un étranger aurait pu s'apercevoir à peine qu'une plaine humide s'étendait devant lui : on n'aurait guère pu imaginer le tableau d'une solitude plus complète, et dont l'impression était encore aidée par la sérénité de la saison, les teintes pâles de l'atmosphère et le silence solennel des élémens. Les oiseaux aquatiques eux-mêmes, qui fréquentaient le lac en grand nombre, ne prenaient point leur vol

(1) Lac-Vert. — Éd.

accoutumé, se gardaient de pousser leurs cris, et voguaient dans une tranquillité profonde sur l'onde silencieuse.

Sans viser aucun objet déterminé, sans presque penser à ce qu'il allait faire, Mordaunt mit son fusil en joue et fit feu sur le lac. Les plombs tombèrent sur la surface comme les gouttes d'une ondée ; les collines s'emparèrent du bruit de l'explosion, et le répétèrent d'échos en échos. Les oiseaux prirent leur vol, les uns en groupes, les autres en désordre, répondant aux échos par mille cris divers, depuis l'accent le plus grave du harle noir (1) jusqu'à la voix plaintive de la mouette tachetée (2).

Mordaunt regarda un moment la troupe criarde avec un ressentiment que lui inspiraient toute la nature et tous les êtres animés ou non, quelque peu de rapport qu'ils eussent avec la cause de son dépit secret.

— Oui, oui, dit-il, volez, plongez, criez tant qu'il vous plaira, et tout cela parce que vous avez vu quelque chose d'étrange et entendu un son inaccoutumé. Il y a bien des gens qui vous ressemblent dans ce bas monde ; mais vous autres, du moins, vous apprendrez, ajouta-t-il en rechargeant son fusil, que des objets et des sons nouveaux, comme des connaissances nouvelles, ont aussi quelquefois leur danger. — Mais pourquoi ferais-je retomber ce qui me contrarie sur ces innocentes mouettes? dit-il après une réflexion d'un moment. Qu'ont-elles de commun avec les amis qui

---

(1) En langue du pays *swabie*, c'est une variété du *mergus serrator*, oiseau aquatique. — Éd.

(2) En écossais *kittiewake* ; *larus canus*. — Éd.

m'ont oublié? — Ah! je les ai tant aimés! Être ainsi abandonné pour le premier étranger que le hasard jette sur la côte!

Pendant qu'il était appuyé sur son fusil, livrant son ame au cours de ces pensées pénibles, sa rêverie fut soudain interrompue par quelqu'un qui le toucha sur l'épaule. Il tourna la tête, et vit Norna de Fitful-Head enveloppée dans les amples plis de son noir manteau. Elle l'avait aperçu du sommet de la colline, et était descendue vers le lac par un étroit ravin qui la cachait, jusqu'à ce que, s'approchant de Mordaunt sans bruit, elle le fit retourner en posant sa main sur son épaule.

Mordaunt Mertoun n'était naturellement ni timide ni crédule, et les bons livres qu'il avait lus avaient en quelque sorte fortifié son esprit contre les attaques de la superstition; mais il eût été un véritable prodige si, vivant dans les îles Shetland à la fin du dix-septième siècle, il avait possédé la philosophie qui n'existait pas encore généralement en Écosse deux générations plus tard.

Il doutait en lui-même de l'étendue et même de l'existence des attributs surnaturels de Norna, ce qui était un grand effort d'incrédulité dans un pays où ces attributs étaient des articles de foi; mais son incrédulité n'allait pas au-delà du doute. Norna était vraiment une femme extraordinaire, douée d'une énergie supérieure, agissant par des motifs connus d'elle seule et très-indépendans de toute autre considération humaine. C'est à l'impression de ces idées, dont il était imbu dès son enfance, qu'il faut attribuer l'espèce de sentiment d'alarme avec lequel il vit tout à coup cette femme mystérieuse paraître si près de lui et le regardant de l'air sévère et triste avec lequel on supposait que les *fatales vierges* (1), appelées par la mythologie du nord *Valkyriur* ou — *Choisisseuses des guerriers tués* (2), regardaient les jeunes héros destinés par elles à partager le banquet d'Odin.

On considérait en effet comme une circonstance malheureuse, pour ne rien dire de plus, de trouver Norna seule et dans un lieu éloigné de tous témoins. Elle passait pour être dans cette circonstance une prophétesse de malheur, autant qu'un funeste augure pour ceux qui faisaient une semblable rencontre. Peu d'insulaires, même de ceux qui étaient familiarisés avec son aspect dans les lieux fréquentés, auraient pu s'empêcher de trembler en l'abordant sur les rives solitaires du *Lac-Vert*.

— Je ne vous apporte aucun malheur, Mordaunt Mertoun, dit-elle en devinant peut-être dans les yeux du jeune homme quelque chose de ce sentiment superstitieux. Je ne vous ai jamais fait aucun mal, vous n'aurez jamais rien à craindre de moi.

— Je ne crains rien, dit Mordaunt, s'efforçant de bannir une crainte qu'il sentait être indigne d'un homme. Pourquoi vous craindrais-je, ma bonne mère? vous avez toujours été mon amie.

— Cependant, Mordaunt, tu n'es pas de nos régions; mais aucun de ceux qui ont dans leurs veines le sang shetlandais, — non, pas même ceux qui s'asseyent autour du foyer de Magnus Troil, les nobles descendans des anciens comtes des Orcades, ne peuvent m'inspirer

---

(1) Espèces de Parques de la mythologie scandinave, que Gray a chantées dans une de ses odes. — Tn.

(2) *Choosers of the slain.*

des vœux plus tendres que ceux que je fais pour toi, bon et brave jeune homme. Quand je passai à ton cou cette chaîne enchantée, que chacun dans nos îles sait être le travail d'une main non mortelle, et l'ouvrage des drows dans les détours obscurs de leurs cavernes, tu n'avais que quinze ans; déjà pourtant tu avais porté tes pas sur le Northsnaven, qui n'avait jusque-là été foulé que par les pattes membraneuses du *swartback*, et ta barque s'était engagée dans les profondes cavernes de Brinnastir, où le *haaf-fish* (1) avait jusqu'alors dormi dans un sombre repos. Voilà pourquoi je te fis ce noble don; et tu sais bien que depuis ce jour chacun dans cette île t'a regardé comme un fils ou comme un frère, le plus heureusement doué des jeunes gens, et le favori de ceux qui deviennent puissans quand la nuit succède au jour (2).

— Hélas! bonne mère, dit Mordaunt, votre présent a pu me donner la faveur, mais il n'a pu me la conser-

(1) Le veau marin qui habite les cavernes les plus profondes. *Voy.* la description des îles Shetland, par Edmonstone.
(Note de l'auteur.)

(2) Les *drows* ou *trows*, successeurs légitimes des *duergars* du nord, et un peu alliés aux fées, résident, comme cette dernière classe d'esprits, dans les cavernes des collines. Ils sont habiles ouvriers en fer et en toutes sortes de métaux précieux. Quelquefois propices et bienveillans pour les mortels, ils sont plus souvent capricieux et malveillans. Parmi le peuple des îles Shetland, leur existence est un article de foi universel; dans les îles voisines de Feroe, on les appelle *foddenskeneand* ou *le peuple souterrain*. Lucas Jacobson Deby, très-instruit de leur nature, nous assure qu'ils habitent dans des lieux profanés par l'effusion du sang ou l'exécution de quelque grand crime. Leur gouvernement paraît être monarchique. *(Note de l'auteur.)*

ver. Qu'importe! j'apprendrai à faire peu de cas de ceux qui font si peu de cas de moi. Mon père dit que je quitterai bientôt ces îles; ainsi donc, mère Norna, je vous rendrai votre don enchanté, afin qu'il porte un bonheur plus durable à quelque autre qu'à moi.

— Ne méprise pas les présens de la race sans nom, dit Norna en fronçant le sourcil. Et changeant soudain son air de mécontentement en un ton de solennelle tristesse, elle ajouta : — Ne les méprise pas, mais, ô Mordaunt, ne les recherche pas. Assieds-toi sur cette pierre grise. Tu es le fils de mon adoption, je me dépouillerai autant que possible des attributs qui m'isolent de la masse commune des hommes, pour te parler comme une mère à son fils.

A cette emphase de langage se mêlaient ce ton plaintif et cette dignité de maintien qui captivent l'attention et l'intérêt.

Mordaunt s'assit sur le roc qu'elle lui montrait du doigt parmi d'autres fragmens épars à l'entour, et arrachés par les orages du mont escarpé au pied duquel ils étaient, sur le bord du même lac.

Norna s'assit sur une pierre à trois pas environ de distance, et ajusta son manteau de manière qu'on ne voyait plus que son front, ses yeux et une seule mèche de sa chevelure grise. Elle continua ensuite d'un ton dans lequel la gravité et l'importance, si souvent affectées par la folie, semblaient le disputer aux sentimens profonds d'une affliction extraordinaire.

— Je n'ai pas toujours été, dit-elle, ce que je suis maintenant; je ne fus pas toujours la sage, la puissante, la souveraine devant qui la jeunesse tremble abattue, et le vieillard découvre ses cheveux blancs. Il fut un temps où mon aspect n'imposait pas silence à la gaieté ; je sympathisais avec les passions humaines, et j'avais ma part des plaisirs et des chagrins des mortels. C'était un temps d'abandon ; c'était un temps de folie, un temps de larmes sans motif ; le temps d'un rire frivole et sans objet : et cependant, malgré ces folies, ces chagrins et ces faiblesses, que ne donnerait pas Norna de Fitful-Head pour être encore la jeune fille heureuse et inaperçue de ses premières années ! Écoute-moi, Mordaunt, et plains-moi ; car tu m'entends proférer des plaintes qui n'ont jamais retenti pour aucune oreille mortelle, et qui ne retentiront plus. Je serai ce que je puis être, continua-t-elle en se relevant comme en sursaut et étendant son bras flétri : je serai la reine et la protectrice de ces îles sauvages et négligées ; je serai celle dont les vagues ne mouillent le pied que par sa permission ; oui, même quand la mer est tourmentée de sa rage la plus terrible ; je serai celle dont les vêtemens sont respectés par l'orage lorsqu'il découvre la toiture des maisons. Tu en as été le témoin, Mordaunt Mertoun ? Tu entendis mes paroles à Harfra ; tu vis la tempête s'apaiser. Parle, et fais entendre ton témoignage.

Contredire Norna dans cette veine d'enthousiasme aurait été cruel et inutile, quand bien même Mordaunt eût été plus convaincu qu'il ne l'était qu'une femme en délire, et non une sibylle douée d'un pouvoir surnaturel, était devant lui.

— Je vous entendis chanter, reprit-il, et je vis la tempête diminuer.

— Diminuer ! s'écria Norna en frappant la terre de son noir bâton de chêne avec impatience ; tu ne dis la vérité qu'à demi. La tempête s'apaisa soudain, et dans un plus court espace que l'enfant à qui sa nourrice commande le silence. Tu connais assez mon pouvoir; mais tu ignores, l'homme mortel ignore quel prix j'ai payé pour l'acquérir. Non, Mordaunt, jamais, quand il s'agirait de cette vaste domination, orgueil des anciens hommes du Nord, alors que leurs bannières flottaient triomphantes depuis Bergen jusqu'en Palestine, jamais, pour tout ce que contient le monde, ou pour un pouvoir égal à celui de Norna, garde-toi bien de vendre la paix de ton cœur.

Elle reprit sa place sur le roc, remit son manteau sur son visage, reposa sa tête sur ses mains, et par le mouvement convulsif qui agitait son sein, elle parut pleurer amèrement.

— Bonne Norna, dit Mordaunt, et il se tut, ne sachant trop que dire pour consoler l'infortunée. Bonne Norna, reprit-il, s'il est quelque chose qui trouble votre ame, ne feriez-vous pas mieux d'aller trouver le digne ministre de Dunrossness? On dit que depuis plusieurs années vous n'avez paru dans aucune assemblée chrétienne. Ce ne peut être bien. Vous êtes vous-même bien connue pour guérir les maladies corporelles; mais quand l'ame est malade, nous devons aller trouver le médecin de nos ames.

Norna avait quitté lentement l'attitude penchée qu'elle avait prise; mais à la fin elle se releva debout, se dépouilla de son manteau, étendit le bras, et, l'écume sur les lèvres, l'œil étincelant, elle s'écria d'un ton douloureux.

— C'est à moi, à moi, que vous avez dit d'aller trouver un prêtre! voudriez-vous faire mourir le saint homme d'horreur? Moi dans une assemblée chrétienne!

voudriez-vous faire tomber le faîte de l'édifice sur la congrégation, et arroser l'autel d'un sang peut-être coupable? Moi, chercher le médecin des ames! voudriez-vous que le démon vînt réclamer ouvertement sa proie devant Dieu et l'homme?

L'extrême agitation de la malheureuse Norna fit un moment partager à Mordaunt la croyance généralement adoptée dans ces îles superstitieuses.

— Malheureuse femme! dit-il, si en effet tu t'es liguée avec le dieu du mal, pourquoi ne pas chercher le repentir? Mais fais comme tu le voudras; je ne puis, je n'ose, comme chrétien, demeurer plus long-temps avec toi. Reprends ton présent, dit-il en voulant lui rendre la chaîne. Le bien ne peut jamais en provenir, si même le mal n'en est pas déjà sorti.

— Silence! écoute-moi, jeune insensé, dit Norna avec calme, comme si elle avait été rendue à la raison par l'alarme et l'horreur qu'elle crut avoir inspirées à Mordaunt; écoute-moi, te dis-je. Je ne suis pas de ceux qui se sont ligués avec l'ennemi du genre humain, ou qui ont reçu de son ministère la science ou le pouvoir. Quoique les esprits aient été rendus propices par un sacrifice que des lèvres mortelles ne peuvent jamais déclarer, cependant Dieu sait que ma faute, dans cette offrande, fut semblable à celle de l'aveugle qui tombe dans le précipice qu'il ne pouvait ni voir ni éviter. Oh! ne me laisse pas, ne m'évite pas dans cette heure de faiblesse! Reste avec moi jusqu'à ce que la tentation soit passée, ou je me plongerai dans ce lac pour me délivrer à la fois de ma puissance et de ma misère!

Mordaunt avait toujours eu pour cette femme singulière une sorte d'affection qui prenait probablement sa source dans les égards qu'elle lui avait toujours témoignés ; il se laissa facilement engager à se rasseoir et à écouter ce que Norna avait encore à lui dire, dans l'espérance qu'elle surmonterait bientôt son agitation.

Il se passa peu de temps avant qu'elle eût remporté sur son trouble la victoire qu'attendait Mordaunt, car elle lui dit du ton ferme et impératif qui lui était habituel :

— Ce n'est pas de moi, Mordaunt, que je voulais parler, quand, vous apercevant du sommet de ce roc grisâtre, j'ai descendu le sentier pour venir à vous. Ma destinée est invariable, bonne ou mauvaise. Pour ce qui me regarde, j'ai cessé d'être sensible, mais pour ceux qu'elle aime, Norna de Fitfud-Head conserve encore les sentimens qui la lient à l'espèce humaine. Observe bien ce que je dis : il est un aigle, le plus noble de ceux qui bâtissent leur aire sur ces rocs aériens ; dans l'asile de cet aigle s'est glissée une vipère ; veux-tu me prêter ton aide pour écraser le reptile et sauver la noble race du prince des cieux du nord ?

— Parlez plus clairement, Norna, dit Mordaunt, si vous voulez que je vous comprenne et que je vous réponde. Je ne sais pas deviner les énigmes.

— En termes plus clairs, donc, vous connaissez la famille de Burgh-Westra ; les aimables filles du généreux Udaller Magnus Troïl, Minna et Brenda. Je veux dire... vous les connaissez et vous les aimez.

— Je les ai connues, bonne mère, reprit Mordaunt, et je les ai aimées... Personne ne le sait mieux que vous.

— Les connaître une fois, c'est les connaître toujours, dit Norna d'un ton d'emphase... Les aimer une fois, c'est les aimer à jamais.

— Les avoir aimées une fois, c'est souhaiter pour toujours leur bonheur, mais rien de plus, reprit le jeune homme. Pour vous parler avec franchise, les habitans de Burgh-Westra m'ont totalement négligé depuis quelque temps. Mais indiquez-moi les moyens de les servir, je vous convaincrai que je n'ai pas perdu le souvenir d'une ancienne amitié, et que je sais oublier une indifférence récente.

— C'est bien parler, et je vous mettrai à l'épreuve. Magnus Troil a réchauffé un serpent dans son sein. Ses aimables filles sont livrées aux projets d'un lâche.

— Vous voulez parler de l'étranger, de Cleveland? dit Mordaunt.

— De l'étranger qui s'appelle de ce nom, reprit Norna; le même que nous trouvâmes sur le rivage, semblable à un monceau d'algues marines, au pied du cap Sumburgh. Quelque chose me disait que j'aurais dû le laisser là jusqu'à ce qu'il fût repris par le flot qui l'avait apporté au rivage. Je me repens de n'avoir pas obéi à cette idée.

— Pour moi, dit Mordaunt, je ne puis me repentir d'avoir fait mon devoir en chrétien; et quel motif aurais-je de le regretter! Si Minna, Brenda, Magnus et les autres préfèrent l'étranger, je n'ai aucun droit de m'en offenser; bien plus, je pourrais faire rire à mes dépens, si je me mettais en comparaison avec lui.

— C'est bien, et j'espère qu'ils méritent ton amitié désintéressée.

— Mais je ne puis deviner, dit Mordaunt, en quoi vous me proposez de leur être utile. Je viens d'apprendre par Bryce, le colporteur, que le capitaine Cleveland est au mieux avec les jeunes dames à Burgh-

Westra, et avec l'Udaller lui-même. Je ne me soucie guère de m'introduire où je ne serais pas bien accueilli, ni d'opposer mon pauvre mérite à celui du capitaine Cleveland : il peut leur décrire des batailles, je ne puis leur parler que de nids d'oiseaux ; il peut leur dire combien il a tué de Français, et moi je n'ai tué que des veaux marins ; il porte de beaux habits, il a une jolie tournure ; je suis mis simplement, plus simplement élevé. D'aimables étrangers comme lui peuvent prendre les cœurs de ceux avec qui ils vivent, comme l'oiseleur prend le guillemot (1) avec ses lacets.

— Vous vous faites tort à vous-même, reprit Norna, tort à vous-même, et plus encore à Minna et à Brenda ; ne croyez pas les rapports de Bryce Snailsfoot, cet homme avide, qui plongerait dans l'eau pour la plus vile pièce de monnaie. Il est certain que si vous avez perdu dans l'opinion de Magnus Troil, ce fripon y a eu sa part. Mais qu'il prenne garde à ses comptes ! j'ai les yeux sur lui.

— Et pourquoi, ma mère, dit Mordaunt, ne répétez-vous pas à Magnus ce que vous venez de me dire ?

— Parce que ceux qui croient trop à leur sagesse doivent recevoir une amère leçon de l'expérience. Hier encore je parlai à Magnus ; et que me répondit-il ? — Bonne Norna, vous vous faites vieille. — Et ce fut là tout ce que me dit un homme lié à moi par tant de nœuds..... le descendant des anciens comtes norses..... Magnus Troil...! — à moi ! oui ; et en faveur de qui ? d'un homme que la mer a rejeté ici comme un débris de naufrage. Puisqu'il méprise les conseils de l'âge, il

(1) Espèce de pluvier. — Éd.

s'instruira par ceux de la jeunesse ; heureux encore de n'être pas abandonné à sa propre folie ! Allez donc à Burgh-Westra, comme à l'ordinaire, pour la Saint-Jean.

— Je n'ai point reçu d'invitation ; on ne me demande ni on ne me désire, on ne pense même pas à moi, dit Mordaunt; peut-être ne me reconnaîtra-t-on pas si j'y vais ; et cependant, ma mère, à vous dire vrai, j'avais pensé à y aller.

— Bonne pensée qu'il faut suivre, reprit Norna : nous visitons nos amis quand ils sont malades, pourquoi ne le ferions-nous pas quand c'est leur esprit qui souffre, et que la prospérité leur est funeste? Ne manquez pas d'y aller... Peut-être nous y trouverons-nous. Mais nos routes sont différentes. Adieu, et ne parlez pas de cette rencontre.

Ils se séparèrent, et Mordaunt resta debout sur le bord du lac, les yeux fixés sur Norna, jusqu'au moment où sa grande taille disparut dans les détours du sentier qu'elle suivit. Mordaunt retourna chez son père, déterminé à suivre un conseil qui était conforme à ses propres désirs.

CHAPITRE XI.

> « Je changerai tous vos anciens usages :
> » Vous ne pourrez boire, manger, parler,
> » Penser, agir, vous reposer, aller,
> » Comme avant vous le faisaient tous vos pères;
> » J'apporte ici des coutumes contraires :
> » Rien n'y sera comme il était avant;
> » Et même au lit, l'homme dorénavant
> » Prendra le mur, la femme la ruelle. »
>
> *Il y a apparence que nous ne sommes pas d'accord.*

Le jour de la fête approchait, et il n'arrivait pas d'invitation pour celui sans lequel, peu de temps auparavant, il n'y aurait pas eu de bonne fête dans toute l'île, tandis que partout il n'était bruit que de la faveur dont jouissait le capitaine Cleveland dans la famille du vieux Udaller de Burgh-Westra. De tels changemens faisaient secouer la tête à Swertha et au Rauzellaer, et ils employaient souvent des voies indirectes pour faire sentir à Mordaunt qu'il s'était attiré cette disgrace par l'imprudente activité qu'il avait déployée pour sauver un étranger que le reflux de la première vague devait entraîner dans la mer. — Il faut laisser l'eau salée faire sa volonté, disait Swertha; la contrarier ne porte jamais bonheur.

— Vrai! dit le Rauzellaer, un homme sage laisse à la vague et à la corde ce qui leur appartient. Un homme à demi noyé ou à demi pendu porte toujours malheur. Qui est-ce qui a tué d'un coup de feu Will Paterson à la hauteur de Noss? c'est le Hollandais qu'il avait tiré de l'eau. Jeter une planche ou un câble à l'homme qui se noie, c'est peut-être agir en bon chrétien; et cependant n'y touchez pas, vous dis-je, si vous ne voulez vous exposer à quelque danger.

— Vous êtes un homme prudent et un digne homme, Rauzellaer, dit Swertha en soupirant, et vous savez aider un voisin quand il faut, aussi bien que quiconque qui ait jamais tiré un filet.

— J'ai vécu plus d'un jour, répondit le Rauzellaer, et j'ai entendu ce que mes anciens disaient là-dessus. Personne dans nos îles n'en fera plus que moi pour rendre service à un chrétien sur la terre ferme, mais s'il lui faut du secours pour le tirer de l'eau salée, c'est une autre affaire!

— Et cependant, dit Swertha, penser que ce Cleveland s'est mis devant le jour de notre jeune maître! et cela chez Magnus Troil, qui, à la Pentecôte dernière, le regardait encore comme la fleur de l'île; Magnus qui passe, quand il est à jeun, le brave homme, pour le plus sage comme le plus riche de tous les Shetlandais.

— Magnus n'y gagnera rien, répliqua le Rauzellaer en secouant la tête avec un air de sagacité; il y a des momens, Swertha, où les plus sages d'entre nous, et je confesse humblement que je suis de ce nombre, ne sont que de véritables oisons. Mais il leur est aussi impossible de gagner quelque chose par leurs traits de folie, qu'il le serait pour moi de monter au haut du promontoire de Sumburgh : cela m'est arrivé une ou deux fois dans ma vie. Mais nous verrons bientôt quel mal résultera de tout ceci, car il ne peut en résulter de bien.

— Non, non, répondit Swertha du même ton de sagesse prophétique, il ne peut en résulter de bien, cela n'est que trop vrai.

Ces funestes prédictions, répétées de temps en temps, ne laissaient pas de produire quelque effet sur Mordaunt. Il ne supposait pas, à la vérité, que les désagrémens qu'il éprouvait fussent la conséquence nécessaire de l'action charitable de sauver un homme prêt à périr dans la mer ; mais il lui semblait qu'il était sous l'influence d'un charme dont il ne connaissait ni l'étendue ni la nature ; qu'en un mot quelque puissance insurmontable exerçait un empire funeste sur sa destinée. Sa curiosité et son inquiétude étaient portées au plus haut degré, et il persista dans la résolution de se montrer à la fête prochaine, où un pressentiment semblait lui annoncer qu'il se passerait quelque événement imprévu qui déciderait de son avenir.

Comme son père était alors dans son état de santé ordinaire, il était indispensable qu'il lui fît part de son projet d'aller à Burgh-Westra. Il l'en informa donc, et Mertoun voulut savoir quel motif particulier lui faisait désirer de s'y rendre à cette époque plutôt qu'à toute autre.

— C'est un temps de fête, répondit le jeune homme; tout le pays y sera rassemblé.

— Et vous avez envie d'ajouter un fou à tous ceux qui s'y trouveront. Allez-y, mais prenez garde à la manière dont vous marcherez dans le sentier où vous allez entrer. Une chute du haut des rochers de Foulah ne serait pas plus dangereuse.

— Puis-je vous demander la raison de cet avis? demanda Mordaunt sortant un instant de la réserve qui avait toujours existé entre lui et son singulier père.

— Magnus Troil a deux filles, répondit Mertoun. Vous êtes dans l'âge où l'on regarde de pareils jouets avec affection, pour apprendre ensuite à maudire le jour où on ouvrit les yeux à la lumière. Je vous dis de vous en méfier; car de même que la femme a fait entrer dans le monde le péché et la mort, ainsi ses regards tendres et son langage plein de douceur causent la ruine inévitable de quiconque lui accorde sa confiance.

Mordaunt avait remarqué plus d'une fois que son père avait une antipathie bien prononcée contre le sexe féminin; mais jamais il ne l'avait entendu la déclarer en termes si précis et si positifs. Il lui répondit que les filles de Magnus Troil n'étaient pas plus pour lui que les autres filles du pays; qu'elles étaient même moins, puisqu'elles lui avaient retiré leur amitié sans lui en apprendre le motif.

— Et vous y allez pour tâcher de la faire renaître? lui dit son père. Insensé papillon qui, échappé à la flamme sans y laisser ses ailes, veut y retourner pour les brûler, au lieu de se contenter de l'obscurité qui fait son salut! Mais pourquoi perdrais-je mon temps à

16.

vouloir écarter de vous un sort inévitable? Allez où votre destinée vous appelle.

Le lendemain, veille de la grande fête, Mordaunt se mit en route pour Burgh-Westra, réfléchissant tour à tour sur les injonctions de Norna, sur ce que lui avait dit son père, et sur les présages de mauvais augure de Swertha et du Rauzellaer d'Iarlshof, non sans éprouver cette sombre mélancolie que tant de circonstances concouraient à faire naître dans son esprit.

— Je ne recevrai probablement qu'un froid accueil à Burgh-Westra, pensa-t-il; mais j'y resterai moins long-temps. Je ne veux que découvrir s'ils ont été trompés par ce marin étranger, ou s'ils n'ont agi que par caprice ou par le seul plaisir de changer de compagnie. Dans le premier cas, je me justifierai, et que le capitaine Cleveland prenne garde à lui! Dans le second, eh bien! adieu à Burgh-Westra et à ses habitans!

En rêvant à cette seconde alternative, sa fierté blessée, et un retour d'affection pour ceux à qui il supposait qu'il allait dire adieu pour toujours, firent couler une larme de ses yeux. Il l'essuya à la hâte en se reprochant cette faiblesse, et doublant le pas il continua son chemin.

Le temps était beau, le firmament sans nuages; et il marchait avec une aisance qui formait un contraste frappant avec les obstacles qu'il avait eus à surmonter la dernière fois qu'il avait fait cette route. Cependant il trouvait dans ses réflexions un sujet de comparaison moins agréable.

— Alors, se dit-il à lui-même, j'avais à combattre les efforts d'un ouragan furieux, mais tout était calme et tranquille dans mon cœur; je voudrais qu'il y régnât aujourd'hui la même sérénité, eussé-je à résister à la plus redoutable tempête qui ait jamais grondé sur ces montagnes solitaires!

Ce fut en s'occupant de semblables pensées qu'il arriva vers midi à Harfra, où demeurait, comme le lecteur peut se le rappeler, l'ingénieux M. Yellowley. Notre voyageur, en cette occasion, avait pris ses précautions pour ne pas dépendre de l'hospitalité parcimonieuse des maîtres de cette maison, qui, sous ce rapport, avaient acquis dans l'île une réputation infame. Il portait dans un petit havresac des provisions qui auraient pu suffire pour un plus long voyage. Cependant, soit par politesse, soit pour se distraire des idées qui le fatiguaient, il entra dans le logis, où il trouva tout en révolution. Triptolème lui-même, les jambes couvertes d'une paire de bottes fortes, montait, descendait, et adressait en criant questions sur questions à sa sœur et à sa servante, qui lui répondaient sur un ton aigre et perçant. Enfin mistress Baby parut; sa vénérable personne était affublée de ce qu'on appelait alors un *Joseph* (1), c'est-à-dire d'un vêtement fort ample, jadis vert, mais qui, grace aux efforts du temps et aux réparations qu'on y avait faites pour remédier à ses ravages, était devenu comme le manteau du patriarche dont il portait le nom, un habillement de différentes couleurs. Un chapeau en clocher, acheté il y avait bien long-temps, dans un moment où la vanité avait triomphé de l'avarice, surmonté d'une plume exposée au vent et à la pluie aussi souvent que celles qui couvrent l'aile de la mouette, complétait sa toilette.

(1) Un costume d'amazone. — Éd.

Ajoutons qu'elle tenait en main une cravache montée en argent et de forme antique. Cette parure, son regard décidé et son air d'importance prouvaient que mistress Barbara Yellowley se disposait à se mettre en voyage, et qu'elle voulait bien permettre, comme on dit, que chacun connût sa détermination.

Elle fut la première de la maison qui aperçut Mordaunt, et sa vue lui causa une émotion de nature mixte. — Dieu me pardonne! s'écria-t-elle avant qu'il fût entré, voilà ce beau jeune homme qui porte un bijou autour de son cou, et qui a fait disparaître notre oie aussi promptement que si c'eût été une alouette! L'admiration de la chaîne d'or qui avait fait une si forte impression la première fois qu'elle l'avait vue, avait influé sur la première partie de son exclamation; et le souvenir du malheureux destin de l'oie fumée avait dicté la seconde. Aussi vrai que j'existe, ajouta-t-elle, le voilà qui ouvre la porte.

— Je suis en chemin pour Burgh-Westra, miss Yellowley, dit Mordaunt.

— Et nous serons charmés de faire le voyage avec vous, lui répondit-elle. Il est bien de bonne heure pour songer à manger. Si pourtant vous vouliez un morceau de pain d'orge et un verre de bland... Mais il n'est pas sain de voyager l'estomac plein, et d'ailleurs il faut reserver votre appétit pour la fête, car tout y sera sans doute à profusion.

Mordaunt, tirant ses provisions de son havresac, expliqua à ses hôtes qu'il n'avait pas voulu leur être à charge une seconde fois, et les invita à les partager avec lui. Le pauvre Triptolème, qui voyait rarement un dîner à moitié aussi attrayant que ce qu'on étalait sous ses yeux, se jeta sur la bonne chère comme Sancho sur l'écume de la marmite de Gamache, et sa sœur elle-même ne put s'empêcher de céder à la tentation, quoique avec plus de retenue et avec une sorte de honte. Elle avait laissé éteindre le feu, dit-elle, parce que, dans un pays si froid, il fallait ménager les combustibles, et elle n'avait pas songé à préparer quelque chose pour le dîner, attendu qu'ils devaient partir de si bonne heure. Elle devait pourtant avouer que le pain de M. Mordaunt avait fort bonne mine, et elle était curieuse de savoir si on préparait le bœuf dans ce pays de la même manière que dans le nord de l'Écosse. D'après ces considérations, mistress Baby mit à l'épreuve les rafraîchissemens qui lui étaient offerts, et auxquels elle était si loin de s'attendre.

Aussitôt après ce repas improvisé, le facteur devint impatient de partir, et Mordaunt put reconnaître que l'empressement avec lequel miss Baby l'avait accueilli n'était pas tout-à-fait désintéressé. Ni elle ni le savant Triptolème ne se souciaient de se mettre en route sans guide dans un pays presque désert qu'ils ne connaissaient pas. Il leur aurait été facile de se faire accompagner par un des journaliers qui travaillaient dans la ferme; mais le circonspect agriculteur fit observer que ce serait perdre au moins une journée de travail, et sa sœur ne fit qu'ajouter à cette crainte en s'écriant : — Une journée de travail! dites plutôt une vingtaine. Que ces gens-là sentent l'odeur du pot au feu ou entendent le son du violon, et Dieu sait quand vous pourrez les rappeler à l'ouvrage!

Or l'heureuse arrivée de M. Mordaunt en ce moment critique, pour ne rien dire de la bonne chère dont il leur faisait part, le fit accueillir avec grand plaisir dans un lieu où, en toute autre occasion, rien ne faisait frissonner d'horreur comme la vue d'un étranger. M. Yellowley d'ailleurs n'était pas insensible au plaisir qu'il se promettait en détaillant à son jeune compagnon tous ses plans d'amélioration, et en jouissant de ce que le sort lui faisait rarement rencontrer, — un auditeur bénévole.

Comme le facteur et sa sœur devaient faire la route à cheval, il fallut en trouver un pour leur guide et leur compagnon de voyage, ce qui n'était pas difficile dans un pays où un nombre immense de *ponies* (1) à tous crins, à longue croupe et à jambes courtes, errent en liberté dans de vastes pâturages qu'ils partagent avec les oies, les moutons, les chèvres, les pourceaux et ces petites vaches dont l'espèce est particulière aux îles Shetland. Ces bestiaux multiplient si vite, que souvent la végétation paresseuse fournit à peine à leur nourriture. Il existe à la vérité un droit de propriété individuelle sur tous ces animaux, dont chacun porte la marque de celui à qui il appartient; mais quand un voyageur a besoin d'un cheval, jamais il ne se fait scrupule de monter sur le premier dont il peut s'emparer, et quand il a fini sa course, il le remet en liberté. — On sait que pour retrouver leur chemin, les ponies sont doués d'une véritable sagacité.

Quoique l'usage qu'on faisait ainsi de la propriété des autres fût un des abus que le facteur se proposait de déraciner avec le temps, cependant, en homme sage, il ne laissait pas d'en profiter en attendant, et il dai-

(1) Bidet appelé aussi *shelty*. — ÉD.

gnait même avouer que c'était une coutume assez convenable pour ceux qui, comme lui, n'avaient pas de chevaux dont leurs voisins pussent tirer le même avantage. On envoya donc chercher sur la colline trois petits chevaux à long poil, ressemblant à des ours plutôt qu'à des chevaux, et cependant vigoureux, pleins d'ardeur, et aussi capables de supporter la fatigue et les mauvais traitemens qu'aucun cheval au monde.

On avait déjà saisi deux de ces ponies, et on les avait harnachés pour le voyage. Celui qui était destiné à porter la charmante Baby était décoré d'une selle à usage de femme, d'une antiquité respectable : c'était une énorme masse remplie de bourre, formant un coussin d'où pendait de tous côtés, en forme de housse, une vieille tapisserie qui, destinée dans son temps à un cheval de taille ordinaire, couvrait le bidet sur lequel elle était étendue, depuis les oreilles jusqu'à la queue, et descendait jusqu'au paturon, de sorte qu'on ne lui voyait que la tête qui s'avançait fièrement comme celle d'un lion sortant d'un buisson dans un symbole héraldique.

Mordaunt souleva galamment la belle mistress Yellowley, et il n'eut pas besoin de faire de grands efforts pour l'aider à gagner le sommet de sa selle. Il est probable que, se voyant l'objet des attentions d'un tel écuyer, un sentiment secret de satisfaction vint flatter son cœur. Le plaisir de se contempler dans ses plus beaux atours y entrait pour quelque chose ; car c'était un événement qui n'avait pas eu lieu depuis long-temps ; aussi ne put-elle résister pendant quelques minutes à certaines idées qui n'étaient guère d'accord avec ses habitudes à peu près exclusives d'économie. Son regard glissa avec complaisance sur son *joseph* fané, et sur la longue housse qui formait l'accompagnement de sa selle. — Ce serait un plaisir, dit-elle à Mordaunt avec un sourire fort agréable, de voyager par un si beau temps et en si bonne compagnie, — s'il n'en résultait pas tant de dégâts pour les vêtemens, ajouta-t-elle en arrêtant ses yeux sur une partie de son *joseph* dont la broderie avait un peu souffert.

Son frère monta lourdement sur son cheval; et comme, malgré la sérénité du temps, il lui plut de jeter un grand manteau rouge par-dessus ses autres habits, son petit cheval s'en trouva couvert encore plus complètement que celui de sa sœur. Il arriva en outre que c'était un animal vif, capricieux et opiniâtre; et malgré le poids de Triptolème, il faisait de temps en temps des courbettes qui ne permettoient pas à son cavalier de garder parfaitement l'aplomb sur sa selle; et comme le palefroi était entièrement caché sous l'ample contour du grand manteau de Triptolème, ces gambades, même à très-peu de distance, avaient l'air d'être produites par les mouvemens volontaires de l'écuyer, sans le secours d'autres jambes que celles que la nature lui aurait données. Il aurait fallu une grande attention pour ce convaincre du contraire; et pour quelqu'un qui aurait pu voir le facteur avec cette persuasion, sa gravité, et même l'inquiétude peinte dans tous ses traits, auraient offert le plus plaisant contraste avec ses continuelles gambades.

Mordaunt marchait à côté de ce digne couple, monté aussi, suivant l'usage du temps et du pays, sur le premier cheval qu'on avait pu prendre, et sans autres harnois que la bride qui servait à le guider. M. Yellowley, voyant avec grand plaisir son guide pourvu d'une monture, résolut secrètement de n'abolir cette coutume grossière de se servir des chevaux des autres sans la permission des propriétaires, que lorsqu'il en aurait lui-même sur lesquels ses voisins pourraient exercer des représailles.

Mais Triptolème montra moins de tolérance pour les autres usages et abus du pays, et il fit essuyer à Mordaunt de longs discours, ou pour mieux dire d'ennuyeuses harangues, relativement à tous les changemens que son arrivée dans ces îles allait amener. Quelque peu versé qu'il fût dans l'art moderne d'améliorer un domaine au point de le faire fondre entre les mains du propriétaire, Triptolème réunissait en sa personne le zèle, sinon les connaissances, de toute une société d'agriculture; et il n'a été surpassé par aucun de ceux qui l'ont suivi dans ce noble zèle qui dédaigne de balancer les produits avec les dépenses, et qui pense que la gloire d'effectuer un grand changement sur la face de la terre est, comme la vertu, sa propre récompense.

Il n'y eut pas une seule partie de la région sauvage et montagneuse que Mordaunt lui faisait parcourir, qui ne fournit à l'imagination active du facteur quelque projet de changement et d'amélioration. Il établirait une route à travers ce marécage impraticable pour toute autre créature que les animaux à quatre pieds qui leur servaient de monture. Il substituerait de bonnes maisons aux *skeos*, ou hangars construits en pierres sans ciment, dans lesquels les insulaires faisaient sécher leur poisson. Il leur apprendrait à brasser de bonne bière pour remplacer leur bland; il leur ferait planter des forêts dans ces déserts où l'on ne voyait pas un arbre; il trouverait des mines précieuses dans un lieu où un *skilling* de Danemarck était une pièce de monnaie qu'on voyait avec une sorte de vénération. Tous ces changemens et beaucoup d'autres étaient résolus dans l'esprit du digne facteur, et il parlait avec la plus grande confiance des secours qu'il trouverait, pour l'exécution de ses plans, dans les grands propriétaires, et notamment dans Magnus Troil.

— Avant que nous ayons passé ensemble quelques heures, dit-il, j'aurai fait part au pauvre homme de quelques-unes de mes idées, et vous verrez quelle reconnaissance il aura pour celui qui lui apporte des connaissances, — biens préférables à la richesse.

— Je ne vous conseille pas de trop y compter, lui dit Mordaunt par forme d'avis; la barque de Magnus Troil n'est pas facile à gouverner : il est attaché à ses opinions et à celles de son pays, et il vous serait aussi aisé d'apprendre au cheval que vous montez à plonger dans la mer comme un veau marin, que de déterminer Magnus à abandonner un usage norse pour un usage écossais. Et cependant, s'il est invariable dans ses anciennes coutumes, il n'est peut-être pas plus constant qu'un autre pour ses anciens amis.

— *Heus tu, inepte !* dit l'élève de l'université de Saint-André; qu'il soit invariable ou inconstant, que m'importe? Ne suis-je pas un homme digne de confiance, un homme investi d'un grand crédit? Un fowde, titre barbare que ce Magnus s'attribue encore, osera-t-il mesurer son jugement contre le mien, peser ses raisons contre celles de l'homme qui représente le lord chambellan des îles Shetland et des Orcades ?

— Malgré cela, je vous conseille de ne pas trop heurter de front ses préjugés. Depuis sa naissance jusqu'à ce jour, Magnus n'a jamais connu un homme au-dessus de lui, et un vieux cheval qui n'a jamais senti la bride la souffre difficilement. D'ailleurs, jamais il n'a écouté avec patience de longues explications ; il est donc possible qu'il se révolte contre vos premières propositions de réforme, avant que vous ayez pu lui en démontrer l'utilité.

— Que voulez-vous dire, jeune homme ? s'écria le facteur. Existe-t-il dans ces îles quelqu'un assez aveugle pour ne pas sentir tout ce qui y manque ? Un homme, une bête même, ajouta-t-il avec un enthousiasme toujours croissant, peut-il jeter les yeux sur ce qu'on a l'impudence d'appeler ici un moulin à blé, sans frémir en pensant qu'il faut moudre son grain par un si déplorable procédé ? Les malheureux sont obligés d'en avoir au moins cinquante dans chaque paroisse, où l'on voit chacun moudre son grain avec sa pauvre pierre meulière placée dans une machine pas plus grande qu'une ruche : quelle différence avec un noble moulin seigneurial dont on entendrait le bruit dans tout le pays, et d'où la farine tomberait par boisseaux à la fois !

— Oui, oui, mon frère, dit Baby, c'est parler comme vous le faites toujours. Plus une chose coûte, plus elle fait honneur : c'est là votre maxime. Ne pouvez-vous donc faire entrer dans votre tête si sage, que, dans ce pays, chacun moud la poignée de grains dont il a besoin pour son ménage, sans se mettre en peine de moulins seigneuriaux où l'on est forcé de porter son blé pour le faire moudre à grands frais ? Combien de fois vous ai-je entendu vous quereller avec le vieux Edie Happer, meunier à Grindlebrun, et même avec son garçon, relativement au droit de mouture, au *lock*, au *gowpen* (1), et le reste qu'il exigeait! Et vous voudriez réduire aux mêmes inconvéniens de pauvres gens qui ont chacun leur moulin pour moudre leur grain sans qu'il leur en coûte rien?

— Ne me parlez ni de lock ni de gowpen, s'écria l'agriculteur indigné. Il vaudrait mieux donner au meunier la moitié de la farine, et avoir le reste moulu d'une manière chrétienne, que de jeter le bon grain dans un joujou d'enfant. Regardez un moment ce moulin à eau, Baby... Là! là! maudit avorton! — Cette dernière interjection s'adressait au bidet qui devenait impatient, pendant que son cavalier s'arrêtait pour démontrer tous les défauts d'un moulin des îles Shetland. — Regardez-le, vous dis-je, il n'est que d'un degré au-dessus d'un moulin à bras; il n'a ni roue, ni dents, ni trémie, ni bluteau... Là! donc, là, quelle vieille bête!... Il ne pourrait moudre un demi-boisseau de grain en un quart d'heure, et la farine serait plus propre à faire un picotin pour les chevaux que du pain pour les hommes. Ainsi donc... Encore! resteras-tu en repos? maudit animal!... Ainsi donc... Il faut qu'il ait le diable au corps.

Comme il prononçait ces derniers mots, son cheval, qui depuis quelque temps se cabrait, ruait et gambadait d'impatience, baissa la tête entre ses deux jambes de devant, et levant en même temps celles de derrière, jeta son cavalier dans le ruisseau sur lequel était établi le petit moulin critiqué (2). Après ce mauvais tour, l'animal

(1) Termes écossais désignant de petites mesures, et la quantité du blé qui revient au meunier sur le sac à mettre en farine. Voyez les notes du *Monastère*.

(2) Sujet de la vignette du titre de ce volume.

fit volte-face, et s'enfuit au grand galop du côté du pâturage sur lequel on l'avait pris, en hennissant de joie et en ruant presque à chaque pas.

Riant de bon cœur de cet accident peu inquiétant, Mordaunt aida le facteur à sortir de l'eau, tandis que sa sœur le félicitait ironiquement d'être tombé dans un ruisseau des îles Shetland; il ne se serait pas tiré si facilement d'un des courans d'eau qui font tourner les moulins en Écosse. Sans daigner répondre à ce sarcasme, Triptolème, dès qu'il se trouva sur ses jambes, secoua les oreilles, vit avec plaisir que son grand manteau l'avait empêché d'être complètement mouillé, et s'écria : — Je ferai venir des étalons du comté de Lanark, des jumens poulinières de celui d'Ayr : je ne veux pas qu'il reste dans ces îles un seul de ces avortons de chevaux pour rompre le cou des honnêtes gens. M'entendez-vous, Baby ? je vous dis que j'en débarrasserai le pays.

— Vous feriez mieux de songer à tordre votre manteau, Triptolème, lui répondit sa sœur.

Pendant ce temps Mordaunt s'occupait à prendre un autre cheval dans une prairie peu éloignée; et ayant fait une bride de roseaux entrelacés, il plaça l'agriculteur déconcerté sur une monture plus paisible et moins volontaire que celle qui venait de l'abandonner.

Mais la chute de M. Yellowley avait opéré comme un véritable sédatif sur son enthousiasme, et pendant cinq grands milles à peine prononça-t-il une parole, laissant le champ libre aux exclamations mélancoliques et aux lamentations de mistress Baby sur la perte de la vieille bride que le bidet fugitif emportait avec lui. Il n'y aurait, dit-elle, que dix-huit ans à la Saint-Martin qu'on l'avait achetée, et maintenant on pouvait bien la regarder comme perdue. — Voyant que personne ne songeait à l'interrompre, elle commença une dissertation sur l'économie. Suivant l'idée qu'elle avait conçue de cette vertu, elle en faisait un système de privations qui eût fait honneur aux religieux de l'ordre le plus austère, mais qui n'était pour elle qu'un moyen d'épargner son argent.

Mordaunt ne chercha guère à l'interrompre. A mesure qu'il approchait de Burgh-Westra, il s'occupait plus à réfléchir sur l'accueil qu'il y recevrait des deux jeunes et jolies insulaires, qu'à écouter le bavardage d'une vieille, quelque éloquence qu'elle déployât pour prouver que la petite bière était une boisson plus salubre que l'ale, et que si son frère se fût foulé la cheville en tombant, du beurre et des simples connus d'elle l'auraient guéri plus tôt et à meilleur marché que les drogues de tous les apothicaires du monde.

Mais enfin les tristes marécages qu'ils avaient traversés jusqu'alors firent place à des sites plus agréables; ils étaient sur le bord d'un beau lac d'eau salée, ou pour mieux dire d'un bras de mer qui s'avançait dans l'intérieur de l'île, entouré d'un terrain uni et fertile, produisant de plus belles récoltes que l'œil expérimenté de Triptolème Yellowley n'en avait encore vu dans ce pays. Au milieu de cette terre de promission, s'élevait le château de Burgh-Westra. Une chaîne de montagnes couvertes de verdure le mettait à l'abri des vents du nord et de l'est, et il dominait le lac et l'Océan qui lui donnait naissance, les différentes îles et les montagnes plus éloignées. Des cheminées du château et de celles de presque toutes les chaumières groupées autour, sortait un riche nuage de fumée qui prouvait que ce n'était pas seulement au château qu'on faisait des préparatifs pour la fête, mais qu'on s'en occupait dans presque toutes les maisons du hameau.

— Sur ma foi, dit Baby, on dirait que tout le village est en feu. On sent d'ici l'odeur de leur gaspillage; et un homme de bon appétit désirerait à peine un autre assaisonnement pour faire passer son pain d'orge, que la fumée qui sort de ces cheminées.

CHAPITRE XII.

> « Tu me peins un ami qui se lasse d'aimer ;
> » Crois moi, Lucilius; quand l'amitié commence
> » A se laisser aller à de l'indifférence,
> » Au lieu de la franchise et d'un air cordial,
> « Elle use des détours du cérémonial. »
>
> <div align="right">SHAKSPEARE. <i>Jules César.</i></div>

Si la fumée qui s'élevait des cheminées de Burgh-Westra jusque sur les montagnes environnantes avait pu fournir une nourriture à la faim, comme l'avait sagement fait observer mistress Barbara, le bruit qui se faisait entendre aurait pu rendre l'ouïe aux sourds. C'était un mélange de sons de toute espèce, mais qui semblaient tous annoncer une cordialité franche. La vue était attirée par un spectacle non moins animé.

On voyait arriver de toutes parts des troupes d'amis dont les montures, dès qu'ils avaient mis pied à terre, partaient sur-le-champ pour regagner leurs pâturages:

c'était le mode ordinaire, comme nous l'avons déjà dit, de licencier une cavalerie levée pour le service d'un jour. D'autres amis, demeurant dans les îles éloignées ou le long des côtes, débarquaient dans un petit havre fort commode, qui servait en même temps au château et au village. Ils s'arrêtaient souvent pour se saluer les uns les autres; nos voyageurs voyaient chaque compagnie arriver successivement au château, dont les portes s'ouvraient pour recevoir des hôtes si nombreux, qu'il semblait que cet édifice pourrait à peine les contenir tous, quoique le local fût digne de la fortune et du caractère hospitalier du propriétaire.

Parmi les sons confus qui redoublaient à l'arrivée de chaque nouvelle compagnie et qui annonçaient le bon accueil qu'elle recevait, Mordaunt crut reconnaître le ton et l'accent de bonne humeur du maître de la maison; et l'inquiétude de savoir si la réception flatteuse qu'il entendait faire aux autres lui serait également accordée, commença à le tourmenter plus que jamais. En approchant davantage, il distingua les joyeux instrumens des musiciens occupés à répéter les airs dont ils devaient égayer la soirée. On entendait aussi les cris des aides de cuisine et la voix de leur chef qui leur donnait des ordres ou qui les grondait; ce bruit n'aurait eu rien de bien agréable en toute autre occasion, mais se mêlant à d'autres sons, et réveillant quelques idées heureuses, il formait une partie assez satisfaisante du chœur qui précède toujours une fête champêtre.

Cependant nos trois voyageurs avançaient, chacun occupé de ses réflexions. Nous avons déjà parlé de celles de Mordaunt. Baby était presque suffoquée par un mélange de chagrin et de surprise en calculant la quantité de vivres qu'il avait fallu préparer pour nourrir toutes les personnes qu'elle entendait rôder autour d'elle; énormité de dépense qui, sans être aucunement à sa charge, lui agitait les nerfs, comme la vue d'un massacre fait frémir un spectateur qui n'a rien à craindre pour sa propre sûreté. En un mot, elle souffrait à la vue d'une profusion si extravagante, ce que Bruce souffrait en Abissinie quand il vit les malheureux ménestrels de Gondar taillés en pièces par ordre de Ras Michaël.

Quant au frère de la parcimonieuse demoiselle, en arrivant à l'endroit où les instrumens grossiers et antiques destinés à la culture des terres étaient confusément épars, suivant un usage commun aussi à l'Écosse, ses pensées se fixèrent à l'instant sur les défauts de la charrue à un manche; du *twiscar*, instrument dont on se sert pour creuser dans les tourbières; des charrettes qui servaient au transport des productions de la terre; en un mot de tous les outils de culture différens de ceux qu'on employait en Écosse. Le cœur de Triptolème s'irritait comme celui d'un brave guerrier qui voit les armes et les enseignes de l'ennemi qu'il est sur le point de combattre. Tout occupé des grands projets qu'il avait formés, il pensait moins à l'appétit que son voyage lui avait donné, quoiqu'il fût sur le point de le satisfaire par un dîner tel qu'il en trouvait rarement, qu'à sa grande entreprise de civiliser les mœurs et de perfectionner la culture des terres dans les îles Shetland.

— *Jacta est alea* (1), se dit-il à lui-même, ce jour va prouver si les Shetlandais sont dignes des travaux auxquels nous nous dévouons pour leur bonheur, ou si

(1) Le sort en est jeté. — TR.

leur esprit n'est pas plus susceptible de culture que leurs tourbières. Cependant, agissons avec prudence, et saisissons l'instant favorable pour parler. Je sens, par ma propre expérience, qu'il convient, en ce moment, de s'occuper du corps plutôt que de l'esprit. Quelques bouchées de ce roastbeef, dont le fumet flatte si agréablement l'odorat, formeront une introduction favorable à mon grand plan pour améliorer la race des bestiaux.

Nos voyageurs étaient alors arrivés en face du château de Magnus Troil, qui semblait avoir été construit à différentes époques, et auquel différens bâtimens avaient été adaptés sans goût à l'ancien édifice, à mesure qu'une augmentation de fortune ou de famille avait fait sentir le besoin d'une habitation plus spacieuse. Sous un porche très-bas et très-large, soutenu par deux énormes poteaux, naguère ornemens sculptés de la poupe des vaisseaux qui avaient fait naufrage sur cette côte, Magnus lui-même s'occupait du soin hospitalier de recevoir les amis nombreux qui arrivaient successivement. Son vêtement, qui séyait bien à sa taille noble et à son air de vigueur, était d'une coupe antique, en drap bleu, doublé d'écarlate, et galonné sur toutes les coutures, ainsi qu'autour des boutonnières. Ses traits mâles avaient été brunis par l'habitude qu'il avait contractée de s'exposer aux intempéries de l'air. De vénérables cheveux blancs, tombant avec profusion de dessous son chapeau galonné en or, et négligemment liés avec un ruban par derrière, annonçaient une constitution robuste.

Quand il vit nos trois voyageurs avancer vers lui, un nuage de déplaisir semblait obscurcir son front et arrêter un instant l'élan de gaieté avec lequel il avait accueilli tous ceux qui s'étaient présentés auparavant. En s'approchant de Triptolème, il se redressa comme s'il eût voulu joindre l'air d'importance du riche Udaller à l'accueil hospitalier que voulait faire à ses hôtes le maître de la maison.

— Vous êtes le bienvenu, monsieur Yellowley, dit-il au facteur, vous êtes le bienvenu à Burgh-Westra. Le vent vous a poussé sur une côte un peu dure ; c'est à nous qui sommes les naturels du pays à l'adoucir pour vous. Voici, je présume, votre sœur? Mistress Barbara Yellowley, accordez-moi l'honneur de vous saluer en voisin. Et à ces mots, avec une courtoisie qui annonçait en lui un généreux dévouement aux lois de l'hospitalité, et dont personne ne serait capable dans ce siècle dégénéré, il toucha de ses lèvres les joues ridées de la vieille fille, dont la physionomie, lorsqu'elle reçut cette politesse, perdant l'expression d'aigreur qui lui était naturelle, laissa apercevoir quelque chose qu'on aurait pu prendre pour un sourire. Jetant alors un coup d'œil sur Mordaunt et le regardant en face, il lui dit sans lui présenter la main, et d'un ton qui trahissait une agitation qu'il s'efforçait de cacher : — Et vous aussi, M. Mordaunt, vous êtes le bienvenu.

— Si je ne l'avais pas cru, répondit Mordaunt naturellement offensé d'un accueil si froid, je ne serais pas ici, et il n'est pas encore trop tard pour m'en aller.

— Jeune homme, répondit Magnus, vous savez mieux que personne qu'on ne peut s'en aller d'ici de cette manière sans faire un affront au maître de la maison. Ne semez pas le trouble parmi les hôtes par des scrupules mal fondés. Quand Magnus Troil dit : Vous êtes les bienvenus, ces mots s'appliquent à tous ceux qui peuvent entendre sa voix, et vous savez qu'elle se fait entendre assez haut. Entrez, mes dignes hôtes, entrez, et voyons ce que mes filles ont préparé pour votre réception.

Il parlait ainsi de manière à s'adresser à tous ceux qui pouvaient l'entendre, de manière à ce que Mordaunt ne pût ni croire que cette phrase lui était particulièrement destinée, ni supposer qu'il ne dût pas s'en faire l'application. L'Udaller introduisit alors les nouveaux arrivés dans l'intérieur de sa maison, où deux grandes salles, servant au même usage qu'un salon moderne, étaient déjà remplies d'hôtes de toute espèce.

L'ameublement en était assez simple, et avait un caractère particulier à la situation de ces îles, patrie des tempêtes. Magnus Troil, comme la plupart des grands propriétaires du pays, était, à la vérité, l'ami du voyageur qui éprouvait quelque accident, soit sur terre, soit sur mer; il avait souvent déployé toute son autorité pour protéger la personne et les biens des marins naufragés; mais les naufrages étaient si fréquens sur cette côte dangereuse, et la mer y jetait si souvent tant d'objets qui n'étaient réclamés de personne, que l'intérieur de la maison offrait des preuves nombreuses des ravages exercés par l'Océan, et de l'exercice de ce droit auquel les jurisconsultes ont donné le nom d'épaves (1). Les chaises rangées le long des murs, et semblables à celles des vaisseaux, étaient la plupart de construction étrangère. Les glaces qui ornaient les appartemens, et les armoires, annonçaient par leur forme qu'elles avaient été destinées à être placées sur un navire, et une couple de ces armoires était même d'un

---

(1) En anglais *flotsome*, et *yetsome*. — Tr.

bois étranger et inconnu. La cloison qui séparait les deux appartemens semblait avoir été construite avec des planches qui avaient servi au même usage à bord des bâtimens, maladroitement utilisées par quelque menuisier du pays. Pour un étranger, ces marques évidentes des misères humaines pouvaient, au premier coup d'œil, former un contraste avec la gaieté qui régnait dans cette enceinte; mais la vue en était si familière aux habitans du pays, qu'elle n'interrompit pas un seul instant le cours de leurs plaisirs.

La fête parut avoir de nouveaux charmes pour les jeunes gens qui s'y trouvaient, quand ils virent arriver Mordaunt. Tous accoururent à lui et s'empressèrent de lui demander pourquoi il y avait si long-temps qu'on ne l'avait vu à Burgh-Westra; question qui prouvait clairement qu'ils pensaient que son absence n'avait eu d'autre cause que sa volonté. Cet accueil soulagea en partie les inquiétudes pénibles du jeune homme. Il était évident que, si la famille de l'Udaller avait conçu des préventions contre lui, du moins ces préventions ne s'étendaient pas plus loin, et que lorsqu'il trouverait l'occasion de se justifier il n'aurait besoin de le faire que dans le cercle d'une seule famille. C'était une consolation, et cependant son cœur battait encore bien vivement, dans l'incertitude de l'accueil qu'allaient lui faire les deux jeunes amies qu'il chérissait toujours, quoiqu'il ne les eût pas vues depuis long-temps. Donnant la mauvaise santé de son père pour excuse de son absence, il traversa différens groupes d'amis dont chacun semblait vouloir le retenir le plus long-temps possible, et se débarrassant de ses deux compagnons de voyage, qui s'étaient attachés à lui comme de la poix, en les présentant à une couple de familles des plus distinguées de cette île, il arriva enfin à la porte d'un petit appartement dans lequel on entrait par une des deux salles dont nous avons déjà parlé, appartement qu'on avait permis à Minna et à Brenda de décorer suivant leur goût, et qui leur était particulièrement destiné.

Mordaunt n'avait pas peu contribué à l'ameublement de cet appartement favori, et à la disposition des ornemens qui l'embellissaient. Pendant le dernier séjour qu'il avait fait à Burgh-Westra, l'entrée lui en était aussi libre qu'à celles qui en étaient les aimables maîtresses; mais aujourd'hui les temps étaient si changés, qu'il restait les doigts appuyés sur le loquet, sans savoir s'il oserait prendre la liberté de l'ouvrir. Il ne s'y détermina que lorsqu'il entendit Brenda prononcer le mot *entrez;* mais elle le fit de ce ton qu'on prend naturellement quand on s'attend à la visite d'un importun dont on désire se débarrasser le plus promptement possible.

A ce signal, Mordaunt entra dans le boudoir des deux sœurs, qu'on avait disposé pour la fête en y ajoutant quelques ornemens de grand prix. Il y trouva les deux filles de Magnus assises, et, à ce qu'il lui parut, en conférence sérieuse avec Cleveland et un petit vieillard à taille mince et légère, dont les yeux conservaient encore toute la vivacité qui l'avait soutenu au milieu des vicissitudes d'une vie agitée et précaire, et qui, l'accompagnant jusque dans sa vieillesse, lui donnait peut-être, malgré ses cheveux gris, l'air moins respectable; mais une physionomie plus grave et moins animée ne l'eût pas fait accueillir avec moins de bienveillance·

Il y avait même un air de pénétration et de finesse dans le regard de curiosité qu'il jeta, en se retirant à l'écart, pour examiner la manière dont les deux sœurs accueilleraient Mordaunt.

L'accueil que celui-ci en reçut ressemblait beaucoup à celui que lui avait fait leur père ; mais elles ne purent réussir à dissimuler aussi bien le changement qui s'était opéré en elles. Toutes deux rougirent et se levèrent sans lui présenter la joue, comme l'usage le permettait alors et semblait même l'exiger, et sans lui tendre la main. Elles se contentèrent de le saluer comme une connaissance ordinaire. Mais la rougeur de l'aînée ne provenait que d'une de ces légères émotions qui s'évanouissent aussi vite que l'idée passagère qui les a occasionées. Après un instant elle regarda Mordaunt avec calme et froideur, et lui rendit, avec une politesse contrainte, les complimens que le jeune homme s'efforçait de lui adresser en bégayant. L'émotion de Brenda, du moins à l'extérieur, semblait plus vive et plus profonde. Sa rougeur s'étendit sur tout ce que ses vêtemens laissaient voir de sa peau, d'une éblouissante blancheur, sur les contours de son cou et la partie supérieure d'un sein dont rien n'égalait la grace. Elle n'essaya pas même de répondre aux complimens embarrassés que Mordaunt lui adressa avec timidité ; mais elle le regarda avec des yeux qui annonçaient le déplaisir et le regret, et semblaient dire que le souvenir du passé n'était pas encore effacé de son cœur. Mordaunt se sentit en quelque sorte assuré à l'instant même que l'amitié que Minna avait eue pour lui était complètement éteinte, mais qu'il serait encore possible de rallumer celle de la sensible et douce Brenda ; et telle est la bizarrerie du cœur humain, que, quoiqu'il n'eût fait jusqu'alors aucune différence entre ces deux sœurs, aussi belles et aussi intéressantes l'une que l'autre, l'amitié de celle qui semblait la lui avoir entièrement retirée parut en ce moment avoir le plus de prix à ses yeux.

Il fut troublé dans ces réflexions qu'il faisait à la hâte, par Cleveland qui, lui ayant laissé le temps nécessaire pour faire les complimens d'usage aux maîtresses du logis et pour recevoir les leurs, s'avança avec l'air de franchise d'un marin, pour saluer celui à qui il devait la vie. Il le fit avec tant de grace, que, quoique l'époque à laquelle Mordaunt avait perdu l'amitié de la famille de Burgh-Westra coïncidât avec celle de l'arrivée de cet étranger dans ce pays, et de son séjour chez l'Udaller, il lui fut impossible de ne pas répondre à ses prévenances comme la politesse l'exigeait. Il reçut ses remerciemens d'un air de satisfaction, et lui dit qu'il espérait qu'il avait passé le temps agréablement depuis qu'il ne l'avait vu.

Cleveland allait lui répondre, mais il en fut empêché par le petit vieillard dont nous avons déjà parlé, qui, se mettant entre eux, et prenant la main de Mordaunt, se leva sur la pointe des pieds pour l'embrasser sur le front, répéta sa question, et se chargea d'y répondre.

Comment passé le temps à Burgh-Westra? s'écria-t-il; est-ce vous qui faites une pareille question, prince des rochers et des précipices? Comment y passerait-il, si ce n'est avec les ailes que lui prêtent le plaisir et la beauté pour accélérer son vol?

— Sans oublier l'esprit et la gaieté, mon ancien ami, répliqua Mordaunt d'un ton moitié sérieux, moitié badin, et serrant en même temps la main du vieillard: on n'a pas à craindre leur absence partout où se trouve Claude Halcro.

— Point de persiflage, jeune homme, répondit le vieillard; quand l'âge aura raidi vos jambes comme les miennes, aura glacé votre esprit comme le mien, quand il aura rendu votre voix...

— Ne vous calomniez pas vous-même, mon maître, s'écria Mordaunt qui n'était pas fâché de profiter du caractère original de son vieil ami pour amener une manière de conversation, afin de diminuer l'embarras dans lequel il se trouvait, et de gagner du temps pour faire des observations, avant de se faire expliquer le changement de conduite que toute la famille semblait avoir adopté à son égard. — Ne parlez pas ainsi, continua-t-il; le temps n'appuie sa main que légèrement sur les bardes. Ne vous ai-je pas entendu dire que le poète partage l'immortalité de ses chants; certainement le célèbre poète anglais dont vous aviez coutume de nous parler était plus âgé que vous quand il mit la main à la rame, au milieu de tous les bons esprits de Londres.

Ceci faisait allusion à une histoire qui, pour me servir d'une expression française, était *le cheval de bataille* de Claude Halcro; et il ne fallait que prononcer un mot qui y eût rapport pour le mettre en selle et lancer son coursier dans la carrière.

L'œil du vieillard brilla de cet enthousiasme qui aurait fait dire aux habitans ordinaires de ce globe, qu'il avait le cerveau timbré, et il se garda bien de laisser échapper l'occasion de parler d'un sujet qui lui plaisait plus que tout autre.

— Hélas! mon cher Mordaunt, s'écria-t-il, l'argent

est de l'argent, et l'on peut s'en servir sans qu'il s'use ou se ternisse ; mais l'étain n'est que de l'étain, et l'on n'en peut dire la même chose. Il n'appartient pas au pauvre Claude Halcro de se nommer dans la même année avec le glorieux et immortel John Dryden. Il est vrai, comme je puis vous l'avoir déjà dit, que j'ai vu ce grand homme ; je l'ai vu dans le café des Beaux-Esprits, comme on le nommait alors (1), et j'ai même pris une fois une prise de tabac dans sa propre tabatière. Je dois vous avoir conté toute cette histoire, mais voici le capitaine Cleveland qui ne l'a jamais entendue. Il faut que vous sachiez d'abord que je logeais à Londres dans Russel-Street. Je ne doute pas que vous ne connaissiez Russel-Street, près de Covent-Garden, capitaine Cleveland ?

— Je connais passablement cette latitude, M. Halcro, répondit le capitaine en souriant ; mais je crois que vous m'avez conté hier cette histoire, et nous avons à nous occuper des affaires d'aujourd'hui ; il faut que vous nous jouiez l'air de cette chanson que nous avons à apprendre.

— Cet air ne peut plus nous convenir, dit Halcro, il faut en choisir un dans lequel notre cher Mordaunt puisse faire sa partie. C'est la première voix du pays, soit pour un solo, soit dans un chœur. Ce n'est pas moi qui toucherai une corde, à moins que Mordaunt ne soit du nombre des chanteurs ! Qu'en dites-vous,

(1) *Will's coffee house* : le café de Will ; dont on faisait *Wits coffee house*, le café des Beaux-Esprits. Sir Walter Scott, dans la vie de Dryden, dit aussi sérieusement qu'Halcro le poëte de Magnus, que prendre une prise de tabac dans la boîte de John Dryden équivalait à un titre académique. — ÉD.

ma belle Nuit? Qu'en pensez-vous, ma charmante Aurore? ajouta-t-il en s'adressant successivement aux deux sœurs, auxquelles il avait donné depuis long-temps ces noms allégoriques.

— M. Mordaunt Mertoun, dit Minna, est venu trop tard pour être des nôtres en cette occasion. C'est un malheur pour nous, mais il est irrémédiable.

— Comment cela? dit Halcro avec vivacité : vous avez chanté ensemble toute votre vie. Croyez-en ma parole, jeunes filles, les anciens airs sont les meilleurs, les anciens amis sont les plus sûrs. M. Cleveland a une belle basse, il faut en convenir, mais pour produire le plus grand effet, je voudrais que vous choisissiez un des vingt airs que vous avez si souvent chantés, et par lesquels vous nous ensorcelez quand le ténor de M. Mordaunt vous accompagne. Je suis sûr qu'au fond du cœur ma belle Aurore approuve ce changement.

— Jamais vous ne vous êtes plus trompé, M. Halcro, dit Brenda d'un ton de déplaisir et rougissant de nouveau.

— Ouais! Que veut dire ceci? dit le vieillard en les regardant tour à tour. Qu'avons-nous donc ici? une Nuit couverte de nuages et une Aurore toute rouge. Ce n'est pas une annonce de beau temps. Expliquez-nous tout ceci, jeunes filles; qui vous a offensées? Je crains que ce ne soit moi. — Quand les jeunes gens se chamaillent, on en rejette toujours le blâme sur les vieillards.

— Ce n'est pas vous qui êtes à blâmer, M. Halcro, en supposant toutefois qu'il y ait quelqu'un qui mérite de l'être, dit Minna en se levant et en prenant sa sœur sous le bras.

— Vous me donneriez à craindre, Minna, dit Mordaunt en faisant un effort pour prendre le ton de la plaisanterie, que ce ne soit le dernier venu qui vous ait offensé.

— Peu importe qui ait commis l'offense, dit Minna avec sa gravité ordinaire, quand ceux qui pourraient s'en plaindre ont résolu de ne pas la relever.

— Est-il possible, Minna, s'écria Mordaunt, que ce soit vous qui me parliez ainsi? Et vous, Brenda, me jugerez-vous comme elle avec tant de sévérité, sans me donner un instant pour une explication franche et honorable?

— Ceux qui ont le droit de vous la donner, dit Brenda d'une voix faible, mais décidée, nous ont fait connaître leur bon plaisir, et c'est à nous de les satisfaire. Ma sœur, je crois que nous sommes restées ici trop long-temps, et que notre présence peut être nécessaire ailleurs. M. Mordaunt voudra bien nous excuser, un jour où nous avons à nous occuper de tant de soins.

Les deux sœurs sortirent en se donnant le bras, après un effort inutile que fit pour les arrêter Claude Halcro, en déclamant d'un ton théâtral.

Comment donc, jour et nuit, c'est une étrange chose!

Se tournant alors vers Mordaunt : — Ces jeunes filles, dit-il, sont possédées de l'esprit de *variabilité;* ce qui prouve, comme le dit fort bien notre maître Spencer, que

Il n'est, soyez-en sûr, rien sous le firmament,
Qui ne soit plus ou moins sujet au changement.

— Capitaine Cleveland, continua-t-il, savez-vous ce qui a pu déranger l'harmonie du ton de ces deux jeunes graces.

— Ce serait perdre son temps, répondit le capitaine, que de chercher à savoir quelle cause fait changer le vent ou une femme. Si j'étais M. Mordaunt, je n'adresserais pas une seconde question à ce sujet à ces beautés orgueilleuses.

— C'est un conseil d'ami, capitaine, répondit Mordaunt, et quoique vous me l'ayez donné sans que je vous l'aie demandé, je ne l'en regarderai pas moins comme tel. Mais le pratiquez-vous vous-même? Permettez-moi de vous demander si l'opinion de vos jeunes amies vous est aussi indifférente.

— Moi! répliqua le capitaine avec un air de franchise et d'insouciance, ma foi, je n'ai jamais pensé deux fois à ce sujet. Je n'ai jamais vu une femme qui valût la peine qu'on songeât à elle une fois que l'ancre était levée. A terre, c'est autre chose, et je rirai, danserai, chanterai, je jouerai même le rôle d'amoureux avec vingt filles, si elles le veulent, ne fussent-elles qu'à moitié aussi jolies que celles qui viennent de nous quitter, en leur permettant de ne plus songer à moi dès que le sifflet du maître d'équipage me rappellera à bord. Il y a deux à parier contre un que le souvenir qu'elles me laisseront ne sera pas de plus longue durée.

Il est rare qu'un malade aime ce genre de consolation qui consiste à traiter comme une bagatelle la maladie dont il se plaint. Mordaunt se sentit donc disposé à se fâcher contre Cleveland, tant parce que le capitaine avait fait attention à l'embarras de sa situation, que parce qu'il lui avait donné son opinion si librement. Il lui répliqua avec un peu d'aigreur que de pareils sentimens ne convenaient qu'aux personnes qui avaient l'art de gagner les bonnes graces de ceux à qui le hasard les présentait, et qui ne pouvaient perdre d'un côté que ce qu'ils étaient sûrs de retrouver d'un autre.

Ce propos était une ironie; mais, pour dire la vérité, on voyait en Cleveland une connaissance supérieure du monde, un sentiment intime au moins de son mérite extérieur, qui rendaient son intervention doublement désagréable à Mordaunt. Comme le dit sir Lucius O'Trigger (1), Cleveland avait un air de triomphe qui était presque une provocation. Jeune, bien fait, plein d'assurance, l'air brusque et franc de sa profession lui était naturel, lui allait à ravir, et convenait peut-être particulièrement aux mœurs simples de la contrée éloignée dans laquelle il se trouvait, et où des manières plus policées auraient pu rendre sa conversation moins agréable, même dans les premières familles du pays. Il se contenta de sourire d'un air de bonne humeur du mécontentement visible de Mordaunt, et lui répondit :

— Vous êtes fâché contre moi, mon cher ami, mais vous ne pouvez faire que je le sois contre vous. Les belles mains de toutes les jolies femmes que j'ai connues pendant tout le cours de ma vie ne m'auraient jamais pêché au pied du promontoire de Sumburgh. Ainsi donc, ne me cherchez pas querelle, car je prends M. Halcro à témoin que j'ai encloué tous mes canons; et quand vous me lâcheriez une bordée, je ne pourrais faire feu sur vous d'une seule pièce.

(1) Personnage de la comédie des *Rivaux*, par Shéridan. — Éd.

— Oui, oui, Mordaunt, dit Halcro, il faut que vous soyez ami du capitaine Cleveland. N'ayez jamais de querelle avec un ami, parce qu'une femme est fantasque. Que diable! si elles étaient toujours de la même humeur, nous ne pourrions pas faire tant de vers sur elles. Le vieux Dryden lui-même, le glorieux John, aurait eu fort peu de chose à dire sur une fille toujours du même avis. Autant vaudrait faire des vers sur l'eau qui fait tourner la roue d'un moulin. — L'esprit d'une femme est comme vos marées, vos roost, vos courans et vos tourbillons, qui vont et viennent, vous poussent et vous repoussent (Dieu me pardonne! je me sens prêt à rimer, rien que d'y penser). Connaissez-vous mes Adieux à la jeune fille de Northmaven? C'était la pauvre Betty Stimbister, que j'ai nommée Mary, parce que ce nom est plus poétique, de même que je me suis appelé Hacon, d'après un de mes ancêtres, Hacon Goldemund ou Hacon Bouche-d'Or, qui vint dans cette île avec Harold Harfager, et qui était son premier scalde. Mais où en étais-je? Ah! oui, — à la pauvre Betty Stimbister! ce fut elle, sans parler de quelques dettes, qui fut cause que je quittai les îles Hialtland, véritable nom des îles Shetland, et que je me lançai dans le monde. — Je l'ai bien couru depuis ce temps, capitaine; je m'y suis frayé un chemin, non sans peine, mais aussi bien que pouvait le faire un homme qui avait la tête légère, la bourse légère et le cœur encore plus léger. J'y ai payé mon écot, c'est-à-dire en argent ou en esprit. J'ai vu changer et déposer des rois comme vous renverriez un pauvre tenancier avant l'expiration de son bail. J'ai connu tous les beaux esprits du siècle, et notamment le glorieux

John Dryden. Quel est l'homme de nos îles qui puisse en dire autant sans mentir ? J'ai eu une prise de sa tabatière, et je vais vous dire comme j'ai eu cet avantage.

— Mais la chanson, M. Halcro? dit Cleveland.

— La chanson? répondit Halcro en saisissant le capitaine par un bouton, car il était trop accoutumé à voir ses auditeurs disparaître pendant qu'il débitait ses vers, pour ne pas employer tous les moyens connus pour les retenir; la chanson? j'en ai donné une copie, ainsi que de quinze autres, à l'immortel John. — Vous l'entendrez, vous l'entendrez, vous dis-je, si vous voulez avoir un moment de patience. Et vous aussi, mon cher Mordaunt. — Eh bien, qu'est-ce à dire? à peine vous ai-je vu un instant depuis six mois, et vous voulez déjà me quitter ? Et en parlant ainsi, il saisit de l'autre main un bouton de l'habit de Mordaun.

— Maintenant qu'il nous a pris tous deux à la remorque, dit le marin, nous n'avons pas autre chose à faire que de l'écouter jusqu'au bout, quoiqu'il file le câble assez lentement pour faire perdre patience.

— Maintenant un peu de silence, il ne faut pas que nous parlions tous trois à la fois, dit le poète d'un ton impératif, tandis que Cleveland et Mordaunt, se regardant l'un l'autre avec une expression plaisante de résignation, attendaient avec soumission le récit de l'histoire qu'ils connaissaient déjà, mais qu'ils étaient irrévocablement condamnés à entendre de nouveau.

— Je vous dirai tout dans le plus grand détail, continua le poète : je fus jeté dans le monde comme tant d'autres jeunes gens, faisant ceci, cela, et puis encore autre chose pour gagner ma vie, car heureusement j'étais propre à tout ; mais aimant les muses autant que si les ingrates m'eussent fourni, comme à tant de niais, un équipage attelé de six chevaux. Au surplus, je me soutins sur l'eau jusqu'à la mort de mon vieux cousin Laurence Linklatter, qui me laissa une petite île peu éloignée d'ici, quoique Cultmalindie fût son parent au même degré que moi; mais Laurence aimait l'esprit, quoiqu'il n'en eût guère. — Il me laissa donc sa petite île, qui est aussi stérile que le Parnasse. Eh bien! j'ai pourtant un sou à dépenser, un sou à mettre en bourse, et un sou à donner aux pauvres, et même un lit et une bouteille de vin à offrir à un ami, comme vous le verrez si vous voulez m'accompagner après la fête. Mais où en suis-je de mon histoire?

— Près du port, j'espère, répondit Cleveland. Mais Halcro était un narrateur trop décidé pour faire attention à ce sarcasme.

— M'y voici, reprit Halcro avec l'air satisfait d'un homme qui a retrouvé le fil perdu d'un récit. J'étais logé dans Russel-Street, chez le vieux Timothée Thimblethwaite, alors le maître tailleur le plus en vogue de tout Londres. Il travaillait pour tous les beaux esprits et pour tous les enfans gâtés de la fortune, et il savait s'arranger de manière à ce que les uns payassent pour les autres. Jamais il ne refusa de faire crédit à un bel esprit, si ce n'est par plaisanterie et pour en tirer une repartie. Il était en correspondance avec tout ce qui méritait d'être connu dans la capitale. Il recevait des lettres de Crowne, de Tate, de Prior, de Tom Brown, et de tous les *célèbres* du temps; on y trouvait de telles saillies d'esprit, qu'il n'y avait pas moyen de les lire sans rire à en mourir, et cependant le refrain de toutes ces épîtres était de lui demander du temps pour payer.

— J'aurais cru, dit Mordaunt, que le tailleur aurait pris ces plaisanteries au sérieux.

— Pas du tout, pas du tout, reprit le panégyriste. Timothée était né dans le Cumberland; il avait l'ame d'un prince, et il en laissa la fortune à ses héritiers. Mais malheur à l'alderman gorgé de tourtes qui lui tombait sous la pate après qu'il avait reçu une de ces lettres ! car il ne manquait pas de lui faire payer le retard. Oui, ma foi ! on croyait que Thimblethwaite avait servi de modèle au glorieux John Dryden pour tracer le caractère de Tom Bibber dans sa comédie du *Vert Galant* (1); je sais qu'il a fait crédit à John, et qu'il lui a même prêté de l'argent, dans un temps où tous ses grands amis de la cour lui battaient froid. Il m'a fait crédit pareillement, car je lui ai dû jusqu'à deux mois de loyer pour une chambre au troisième étage. Il est vrai que, de mon côté, je l'obligeais autant que je le pouvais, ce qui ne veut pas dire que je l'aidais à tailler ou à coudre des habits, car cela n'aurait pas été très-convenable pour un homme de bonne famille ; mais je... rédigeais ses mémoires, je... calculais ses livres, je...

— Et vous portiez sans doute aux beaux esprits et aux aldermans les habits qu'il leur faisait ? dit Cleveland.

— Non; fi donc! que diable! point du tout. Mais vous me faites perdre le fil de mon histoire. Où en étais-je?

— Que le diable vous aide à en trouver la latitude, s'écria le capitaine en donnant une secousse subite qui

---

(1) The *Wild Gallant*. Ce fut la première pièce de Dryden. L'auteur emprunte en effet à cette comédie licencieuse le portrait du tailleur facétieux. On pourrait traduire *Wild Gallant* par *libertin*, si on n'avait égard aux mœurs du temps. — Éd.

délivra son bouton captif entre le pouce et l'index du poète; quant à moi, je n'ai pas le temps d'en faire l'observation; et au même instant il se précipita hors de l'appartement.

— Vit-on jamais, dit Halcro en le regardant s'éloigner, homme si grossier, si mal élevé, avoir tant de prétentions? Il n'y a pas plus d'esprit dans sa tête creuse que de politesse dans ses manières. Je ne conçois pas ce que Magnus et ses sottes filles peuvent trouver en lui. Il leur conte de longues histoires à perte d'haleine sur ses aventures et ses combats sur mer, dont je réponds que la moitié n'est que mensonges. Mordaunt, mon cher enfant, prenez exemple sur cet homme, c'est-à-dire que cet homme vous serve de leçon. Ne contez jamais de longues histoires dont vous soyez le héros. Vous êtes porté quelquefois à trop parler de vos exploits sur les montagnes et les rochers, ce qui ne fait qu'interrompre la conversation et empêcher les autres de pouvoir se faire entendre. Mais je vois que vous êtes impatient d'apprendre la suite de ce que je vous disais. Un instant; où en étais-je?

— Je crois qu'il faut la différer jusques après le dîner, M. Halcro, répondit Mordaunt qui cherchait aussi à lui échapper, quoiqu'il désirât ne pas le faire avec aussi peu de cérémonie que le capitaine, et qu'il voulût ménager la délicatesse de son vieil ami.

— Quoi! mon cher enfant, dit Halcro se voyant à l'instant de rester seul, allez-vous aussi m'abandonner? Ne suivez pas un si mauvais exemple, et ne traitez jamais légèrement une ancienne connaissance. J'ai long-temps marché dans le chemin de la vie, Mordaunt; je l'ai souvent trouvé raboteux; mais je n'ai jamais songé à la fatigue quand j'ai pu m'appuyer sur le bras d'un ancien ami comme vous.

En parlant ainsi, il abandonna le bouton du jeune homme, et passant la main sous son bras, il s'assura ainsi de lui d'une manière plus certaine. Mordaunt s'y soumit sans résistance, un peu ému par l'observation du vieux poète sur le peu de complaisance des anciennes connaissances, défaut dont il était lui-même victime en ce moment. Mais quand Halcro en revint à sa redoutable question : — Où en étais-je? Mordaunt préférant sa poésie à sa prose, lui rappela la chanson qu'il disait avoir faite lors de son premier départ des îles Shetland, chanson qu'il connaissait déjà ; mais comme elle sera sans doute nouvelle pour nos lecteurs, nous l'insèrerons ici pour leur donner un échantillon des talens poétiques du descendant d'Hacon Bouche-d'Or. Ajoutons que Claude Halcro, d'après l'opinion d'assez bons juges, occupait un rang distingué parmi les faiseurs de madrigaux de cette époque, et qu'il était aussi en état d'immortaliser les Nancy de ses montagnes et de ses vallées, qu'une foule de chansonniers de la capitale. Il était aussi un peu musicien; et quittant Mordaunt pour prendre une espèce de luth, il se mit à l'accorder pour s'en accompagner, tout en continuant à parler, pour ne pas perdre de temps.

— J'ai appris le luth, dit-il, du même maître que le bon Shadwell (1), le gros Tom, comme on avait coutume de l'appeler. Il a été un peu maltraité par le glorieux John, comme vous pouvez vous le rappeler. Vous vous souvenez de ces vers, Mordaunt :

(1) Contemporain et rival de Dryden. — Éd.

Ce moderne Arion, l'entends-tu ? Sur ma foi,
Sous ses ongles crochus, le luth tremble d'effroi ;
Et ses longs hurlemens, de rivage en rivage,
Font redire aux échos le chant le plus sauvage.

— Allons, voilà mon luth passablement d'accord. Que vous chanterai-je à présent ? Ah ! je m'en souviens : la jeune fille de Northmaven. Pauvre Betty Stimbister ! je la nomme Mary dans ma chanson. Betty va fort bien dans une chanson anglaise, mais Mary a ici quelque chose de plus naturel. A ces mots, et après un court prélude, il chanta d'une voix passable et avec assez de goût les couplets suivans :

MARY.

Adieu, pays que je regrette,
Adieu, havre qui m'assuras
Contre les vents une retraite ;
Adieu, tempêtes et frimas :
Je pars demain avant l'aurore,
Si les vents nous ont entendus ;
Et toi qui m'es si chère encore,
Adieu, Mary, nous ne nous verrons plus.

Adieu, bras de mer formidable
Que pour Marie Hacon bravait
Lorsque l'Océan redoutable
Dans sa fureur se soulevait.
Ne jette pas sur ce Bosphore,
Mary, des regards superflus,
Car de l'amant qui t'aime encore
Le frêle esquif n'y reparaîtra plus.

Laisse-les dans l'humide plaine,
Ces vœux oubliés par ton cœur ;
Au chant trompeur de la Sirène
Ils donneront plus de douceur.

Les voyageurs qu'elle dévore,
Par ces sermens seront déçus ;
Mais il existe un être encore,
Un être, hélas ! qui ne les croira plus !

Ah ! s'il existait sur la terre
Un pays de tous ignoré,
Où, par un sourire sincère
L'amant se trouvât rassuré,
Où la bergère qu'on adore
N'offrît que des vœux ingénus,
Pour moi l'espoir luirait encore...
L'espoir, hélas, je n'en conserve plus.

— Je vois bien que vous êtes attendri, mon jeune ami, dit Halcro en finissant sa chanson, c'est ce qui est arrivé à la plupart de ceux qui ont entendu ces couplets. J'ai composé la musique et les paroles ; et sans parler de l'esprit qui s'y trouve, on y remarque une sorte de... Eh ! eh !... de simplicité, de vérité, qui va droit au cœur. Votre père même ne pourrait y résister, et pourtant il a un cœur si impénétrable aux charmes de la poésie, qu'Apollon lui-même ne pourrait le percer d'une de ses flèches. Il faut que quelque femme lui ait joué un mauvais tour dans son temps, et c'est pourquoi il a de la rancune contre les autres. Oui, oui, c'est là que gît le lièvre, mais à qui de nous n'en est-il pas arrivé autant ? Allons, mon cher enfant, je vois qu'on passe dans la salle à manger, tout le monde, hommes et femmes. Les femmes ! ce sont de vrais tourmens, et pourtant nous aurions de la peine à nous en passer. Mais avant de les suivre, faites seulement attention à la dernière strophe :

Un pays de tous ignoré !

Oui, sans doute, ignoré, car jamais il n'a existé, jamais il n'existera un pays

> Où la bergère qu'on adore
> N'offrît que des vœux ingénus.

Vous voyez bien, mon cher ami, que je ne me suis pas traîné ici sur les traces du paganisme, comme Rochester, Étheredge (1) et tant d'autres. Un ministre pourrait entonner ma chanson, et son clerc chanter le refrain. Mais j'entends cette cloche maudite. Allons, il faut partir; mais ne vous inquiétez pas : après le dîner, nous trouverons quelque coin bien tranquille, et je vous y conterai tout le reste.

(1) Poëtes et beaux esprits du temps. — Éd.

CHAPITRE XIII.

> « Au centre on voit briller la table bien polie,
> « Du vin le plus exquis chaque coupe est remplie,
> « Et des mets préparés chacun reçoit sa part.
> « Mais pour prendre son hôte un instant à l'écart,
> « Un convive prudent pense qu'il est plus sage
> « D'attendre que la faim ait apaisé sa rage, »
>
> *L'Odyssée.*

La profusion qui régnait sur la table hospitalière de Magnus Troil, le nombre de convives qui y étaient assis, la foule plus considérable encore d'humbles amis, de villageois, de pêcheurs et de domestiques qui se régalaient en d'autres salles, les pauvres accourus de tous les villages et hameaux à vingt milles à la ronde, pour profiter de la générosité du bienfaisant Udaller, tout ce que vit enfin Triptolème Yellowley le jeta dans une telle surprise, qu'il commençait à douter qu'il fût prudent à lui de proposer en ce moment à l'amphitryon d'un banquet si splendide et que son hospitalité rendait rayonnant de gloire, un changement radical dans les coutumes et usages de son pays.

Il est bien vrai que le sagacieux Triptolème se rendait assez de justice pour croire qu'il possédait en sa personne une sagesse bien supérieure à celle de tous les convives réunis, sans même en excepter son hôte, contre la prudence duquel la profusion dont il était témoin rendait à son avis un témoignage bien suffisant. Mais pourtant l'amphitryon où l'on dîne exerce, au moins pendant le temps du dîner, une influence sur l'esprit de ses convives, même les plus distingués; et si le dîner est bien ordonné, et que les vins soient bien choisis, il est humiliant de voir que ni l'adresse, ni la science, nous dirions presque même ni le rang, ne peuvent, jusqu'après le café, réclamer leur supériorité naturelle et accoutumée, sur le distributeur de toutes ces bonnes choses. Triptolème sentait tout le poids de cette supériorité du moment, et néanmoins il désirait faire quelque chose pour prouver à sa sœur et à son compagnon de voyage qu'il ne s'en était pas fait trop accroire en leur parlant, le long du chemin, de la manière dont il ferait accueillir ses plans par Magnus; de temps en temps il jetait sur eux un regard à la dérobée pour deviner si son délai à proposer les grands changemens annoncés par lui comme nécessaires ne lui faisait rien perdre de leur estime.

Mais mistress Barbara était entièrement occupée à déplorer le gaspillage et à calculer la dépense qui devait résulter d'un festin tel qu'elle n'en avait jamais vu probablement. Elle avait peine à concevoir l'oubli des règles de la civilité dans laquelle elle avait été élevée, et de l'indifférence avec laquelle le maître de la maison voyait cette conduite. Maint convive se faisait servir d'un plat qui, n'ayant pas été entamé, aurait pu figurer de nouveau au souper. Le maître du logis, moins que personne, s'inquiétait peu si l'on ravageait ces plats qui, d'après leur nature, ne peuvent paraître deux fois sur la table, ou si l'on dirigeait un assaut, soit contre un pâté de venaison, soit contre un aloyau de douze à quinze livres, ou contre un de ces mets qui, suivant toutes les règles d'une bonne économie, doivent supporter au moins deux attaques. Selon mistress Barbara et ses idées du savoir-vivre, ces alimens substantiels auraient dû être réservés par les convives, comme Ulysse le fut dans l'antre de Polyphème, pour être dévorés les derniers. Égarée dans les réflexions auxquelles donnait lieu ce mépris évident des règles de la discipline qui doit régner dans un festin, et calculant que ce qui serait perdu de toutes ces viandes bouillies, rôties et grillées, aurait suffi pour entretenir sa table au moins pendant un an, mistress Barbara s'inquiétait fort peu si son frère tiendrait ou non tout ce qu'il avait promis.

Mordaunt Mertoun, de son côté, était occupé de pensées qui étaient bien loin d'avoir pour objet le prétendu réformateur des îles Shetland. Il était assis entre deux jolies personnes de Thulé. Ne conservant aucun ressentiment de la préférence qu'il avait accordée sur elles en toutes occasions aux filles de l'Udaller, ni l'une ni l'autre n'étaient fâchées que le hasard leur procurât les attentions d'un jeune homme si généralement recherché, et qui, ayant été leur écuyer à table, deviendrait probablement leur cavalier pour le bal. Mais tandis qu'il avait pour ses belles voisines tous ces petits soins qu'exige la société, Mordaunt n'en observait pas moins en secret ses deux jeunes amies qui semblaient avoir cessé de l'être. Le père lui-même, comme Brenda et Minna, avait une partie de son attention. Mordaunt ne remarqua rien d'extraordinaire dans la conduite de l'Udaller; il avait toujours ce ton de gaieté bruyante et cordiale qui mettait en train ses convives en semblables occasions; mais celle des deux sœurs était toute différente et lui donna lieu de faire des remarques bien pénibles.

Cleveland était assis entre elles, et Mordaunt était placé de manière à voir et même à pouvoir entendre, au moins en grande partie, tout ce qui se passait entre eux. Le capitaine partageait à peu près également ses attentions entre les deux sœurs, mais il semblait s'occuper plus particulièrement de l'aînée. La cadette ne l'ignorait peut-être pas, car plus d'une fois ses regards se dirigèrent vers Mordaunt, et celui-ci crut y remarquer quelque chose qui ressemblait au souvenir de leur première liaison et au regret de l'avoir interrompue. Minna, au contraire, n'était occupée que de son voisin, ce qui causait à Mordaunt autant de surprise que de ressentiment.

Oui, la sérieuse, la prudente, la réservée Minna, dont l'air et les manières annonçaient tant d'élévation dans le caractère, Minna, préférant à tout les études qui exigent la solitude, Minna, dont toutes les promenades avaient pour but quelque source placée dans un lieu écarté; elle, l'ennemie d'une gaieté légère, l'amie d'un calme mélancolique et réfléchi, dont le caractère en un mot paraissait complètement opposé à celui qu'il aurait fallu supposer à une jeune fille pour qu'elle se laissât captiver par la galanterie hardie, entreprenante et grossière d'un homme tel que le capitaine Cleveland, Minna n'avait pourtant des yeux et des oreilles que pour lui; et elle lui accordait un intérêt, une attention, un sourire gracieux, qui prouvaient à Mordaunt, qui avait appris à savoir juger de ses sentimens, jusqu'à quel point il avait gagné ses bonnes graces. Il observait tout cela, et son cœur se soulevait contre le nouveau favori qui l'avait supplanté, et contre la manière indiscrète dont Minna sortait de son caractère.

— Que peut-on remarquer en cet homme, se dit-il en lui-même, si ce n'est cet air de hardiesse et d'importance que lui donnent des succès obtenus peut-être dans quelques minces entreprises, et l'habitude du despotisme avec lequel il commande son équipage? Il entremêle ses discours de plus de termes de sa profession qu'aucun officier de marine que j'aie jamais vu, et ses saillies sont de telle nature que Minna ne les aurait jamais endurées autrefois, quoiqu'elle en sourie aujourd'hui. Brenda même semble prendre moins de goût à sa galanterie que Minna, à qui elle devrait souverainement déplaire.

Mordaunt se trompait doublement dans ces réflexions que le ressentiment [1] i inspirait. D'abord, il voyait le capitaine Cleveland, jusqu'à un certain point, avec les yeux d'un rival, et par conséquent il critiquait avec trop de sévérité sa conduite et ses manières, qui, sans être très-raffinées, n'avaient rien qui pût choquer dans un pays habité par un peuple aussi simple et aussi peu avancé dans la civilisation que les Shetlandais. Ensuite Cleveland avait l'air franc et ouvert d'un marin, beaucoup d'adresse naturelle, une gaîté convenable à sa situation, une confiance sans bornes en lui-même, et ce caractère audacieux et entreprenant qui, sans aucune autre qualité recommandable, suffit très-souvent pour procurer des succès auprès du beau sexe. Mais Mordaunt se trompait encore en supposant que Cleveland dût déplaire à Minna Troil parce que leurs caractères étaient opposés en tant de points importans. S'il avait un peu mieux connu le monde, il aurait remarqué que de même qu'on voit un grand nombre d'unions avoir lieu entre des personnes qui n'ont l'une avec l'autre aucun rapport quant au physique, on ne rencontre pas en moins grand nombre de ces époux dont les goûts, les sentimens et les dispositions n'ont aucune analogie ; ce ne serait peut-être pas trop dire que d'assurer que les deux tiers des mariages se contractent entre des individus qu'au premier aperçu nous aurions cru ne devoir offrir aucun charme l'un à l'autre.

On pourrait en morale assigner une cause première à ces anomalies, en remontant aux vues sages et bienfaisantes de la Providence, qui a voulu maintenir, dans toute la société en général, un partage égal d'esprit, de sagesse et d'aimables qualités de toute espèce. Car, que deviendrait le monde, si ceux qui ont reçu l'esprit, la science, l'amabilité, la beauté, ne s'unissaient qu'à ceux qui posséderaient les mêmes avantages ; et que les castes dégradées, condamnées à l'ineptie, à l'ignorance, à la brutalité, à la laideur, ce qui comprend, soit dit en passant, la plus grande partie du genre humain, ne pussent de même s'allier qu'entre elles ? N'est-il pas évident que les descendans de ces dernières unions finiraient par subir une dégradation morale et physique qui en ferait de véritables orangs-outangs? Quand nous voyons de ces unions disparates, nous devons plaindre le destin de l'individu souffrant, mais nous n'en devons pas moins admirer la sagesse mystérieuse de la Providence, qui balance le bien et le mal moral de la vie, en assurant ainsi à des enfans rendus malheureux par le mauvais caractère de l'un des deux époux, une portion de sang plus doux et plus pur transmise par l'autre, et en leur conservant ainsi au moins les soins de l'un des deux parens que leur a donnés la nature. Si de semblables alliances, quelque mal assorties qu'elles paraissent à la première vue, n'avaient lieu fréquemment, le monde ne serait pas ce que la sagesse éternelle a voulu qu'il fût, un séjour où le bien et le mal sont également mélangés; un lieu d'épreuves et de souffrances, où les plus grands maux sont rendus supportables par quelques douceurs, et où le bonheur même porte avec lui un alliage qui empêche qu'il puisse devenir parfait.

Si nous examinons d'un peu plus près les causes de ces attachemens imprévus, nous avons lieu de reconnaître que ceux qui s'y livrent ne sont pas coupables d'autant d'inconséquences, et n'agissent pas d'une manière aussi contraire à leur caractère que nous pourrions le croire si nous ne faisions attention qu'au résultat. Les vues sages que paraît avoir eues la Providence en permettant cette fusion de caractères, de penchans et de sentimens dans l'état de mariage, ne s'accomplissent pas en vertu d'une impulsion mystérieuse par laquelle, contre les lois ordinaires de la nature, les hommes ou les femmes seraient portés à une union que le monde peut regarder comme ne leur convenant aucunement. Le libre arbitre qui nous est accordé dans les événemens ordinaires de la vie, comme dans notre conduite morale, est souvent, dans le premier comme dans le second cas, un moyen de nous égarer. Ainsi il arrive souvent, et surtout quand on a l'imagination vive et susceptible des écarts de l'enthousiasme, que s'étant formé en esprit un modèle digne d'admiration, on se trompe soi-même par l'air de vraisemblance qu'on croit découvrir dans un être existant, et que l'imagination s'empresse de parer gratuitement de tous les attributs nécessaires pour en former *le beau idéal*. Personne peut-être, même dans le mariage le plus heureux, et quand on est uni à un objet véritablement aimé, n'a jamais trouvé dans l'être auquel il est lié toutes les qualités auxquelles il s'attendait. Il n'arrive que trop souvent au contraire qu'il reconnaît qu'il s'est trompé lui-même, et qu'il a construit son château aérien de félicité sur un arc-en-ciel qui ne devait son existence qu'à l'état particulier de l'atmosphère.

Mordaunt, s'il avait eu plus d'expérience, et s'il eût mieux connu le cours des choses humaines, aurait donc été moins surpris qu'un homme tel que Cleveland, jeune, bien fait, vif, audacieux; qu'un homme qui avait évidemment couru de grands dangers et qui en parlait comme d'un jeu, eût été doué, pour l'esprit romanesque de Minna, de toutes les qualités que son imagination active regardait comme nécessaires pour constituer un héros. Plus il montrait une franchise et une brusquerie peu conformes aux lois ordinaires de la politesse, moins elle devait le soupçonner d'en imposer; et quelque étranger qu'il parût aux formes de la société, Cleveland avait reçu de la nature assez de bon sens et assez de savoir-vivre pour entretenir l'illusion qu'il avait créée, du moins pour tout ce qui ne tenait qu'aux dehors. A peine avons-nous besoin d'ajouter que ces observations s'appliquent exclusivement à ce qu'on appelle les mariages d'inclination; car si l'une des deux parties fixe son attachement sur les avantages substantiels d'une bonne dot ou d'un douaire considérable, elle ne peut se trouver trompée quant à l'objet qu'elle a eu principalement en vue d'acquérir, quoiqu'elle puisse l'être cruellement en s'étant formé une idée exagérée du bonheur qui devait en résulter, ou pour n'en avoir pas bien calculé les inconvéniens.

Ayant une sorte de partialité pour l'aimable brune dont nous parlons, nous nous sommes permis cette digression afin de justifier en elle une conduite qui, dans une histoire comme celle-ci, doit paraître, nous en convenons, absolument contre nature; c'est-à-dire l'estime excessive que Minna paraissait avoir conçue pour le goût, les talens et le caractère d'un jeune homme qui lui consacrait tout son temps et toutes ses attentions, et dont les hommages étaient enviés par toutes les jeunes filles rassemblées à cette fête. Si nos belles lectrices veulent descendre dans leur propre cœur, peut-être avoueront-elles que lorsqu'un individu dont le bon goût est reconnu, et dont les soins seraient agréables à tout un cercle de rivales, les réserve exclusivement à une seule femme, il a droit, au moins à titre de réciprocité, d'obtenir d'elle une part raisonnable de son estime et de ses bonnes graces. Dans tous les cas, si le caractère de Minna paraît inconséquent et peu naturel, ce n'est pas notre faute, puisque nous ne faisons que rapporter les faits tels que nous les trouvons, et que nous ne nous attribuons pas le privilège de rapprocher de la nature les incidens qui semblent s'en écarter, encore moins celui de rendre conséquent ce qu'il y a de plus inconséquent dans le monde créé, le cœur d'une femme belle et admirée.

La nécessité qui nous enseigna tous les arts, nous rend aussi adeptes dans celui de la dissimulation ; et Mordaunt, quoique novice, ne manqua pas de profiter à cette école. Il était évident que, pour mieux observer la conduite de celles qui fixaient toute son attention, il fallait qu'il soumît lui-même la sienne à quelque contrainte, et que du moins il parût tellement occupé de ses deux voisines, que Minna et Brenda pussent le croire indifférent à tout ce qui se passait. Les efforts qu'il fit pour être gai et amusant furent puissamment secondés par l'enjouement de Maddie et de Clara Groatsettars, qui passaient dans ces îles pour de riches héritières, et souverainement heureuses en ce moment d'être un peu écartées de la sphère d'influence de la vieille et bonne lady Glowrowrum, leur tante. La conversation ne tarda pas à s'engager entre eux ; et suivant l'usage le jeune homme y paya son contingent en esprit, ou en ce qui passe pour de l'esprit, et les jeunes demoiselles s'acquittèrent du leur en sourires et en applaudissemens. Mais au milieu de cette gaieté apparente, Mordaunt ne manquait pas, de temps en temps, d'observer, aussi secrètement qu'il le pouvait, la conduite des deux filles de Magnus, et toujours il lui semblait que l'aînée, uniquement occupée de la conversation de Cleveland, n'accordait pas une seule pensée au reste de la compagnie, tandis que Brenda, convaincue que Mordaunt ne faisait aucune attention à elle, se gênait moins pour jeter un regard inquiet et mélancolique sur le groupe dont il faisait partie. Il éprouva une vive émotion en voyant le trouble et la défiance que ses yeux semblaient exprimer, et forma en secret la résolution de chercher l'occasion d'avoir avec elle, dans la soirée, une explication complète. Il se souvenait que Norna lui avait dit que ces jeunes personnes étaient en danger; elle ne lui en avait pas expliqué la nature, mais il présumait qu'il ne pouvait avoir d'autre cause que l'erreur dans laquelle elles étaient sur le caractère de cet étranger entreprenant, qui savait si bien accaparer tous les suffrages, et il résolut secrètement de chercher tous les moyens de démasquer Cleveland, afin de sauver ses deux jeunes amies.

Tout en s'occupant de ces pensées, ses attentions pour les miss Groatsettars se relâchèrent insensiblement, et peut-être aurait-il oublié la nécessité où il se trouvait de paraître spectateur désintéressé de ce qui se passait, si Minna n'eût donné aux dames le signal de quitter la table. Elle salua toute la compagnie avec la grace qui lui était naturelle et avec une dignité un peu hautaine; mais ses yeux prirent une expression plus douce et plus flatteuse lorsque, en faisant leur ronde, ils s'arrêtèrent un instant sur Cleveland. Brenda, avec la rougeur qui ne manquait jamais de couvrir ses joues quand elle avait à s'acquitter de quelque devoir qui l'exposait à la vue des autres, remplit le même cérémonial avec un embarras presque gauche, mais que sa jeunesse et sa timidité rendaient naturel et intéressant. Mordaunt crut encore remarquer que ses yeux l'avaient distingué au milieu de la nombreuse compagnie qui l'entourait. Pour la première fois il se hasarda à rencontrer son regard; Brenda n'en rougit que davantage, et son émotion parut mêlée d'un je ne sais quoi qui ressemblait au déplaisir.

Quand les dames se furent retirées, les hommes, avant de songer à la danse, se mirent, suivant l'usage du temps, à boire à longs traits et très-sérieusement. Le vieux Magnus, joignant l'exemple au précepte, les exhorta à bien employer leur temps, attendu que les dames mettraient bientôt leur agilité en réquisition. En même temps, faisant un signal à un domestique à tête grise qui était debout derrière lui en costume de matelot de Dantzick, et qui à d'autres occupations joignait celle de sommelier de l'Udaller : — Erick Scambester, lui dit-il, le bon navire, *le joyeux marinier* de Canton a-t-il sa cargaison à bord ?

— Cargaison complète, répondit le Ganymède de Burgh-Westra, d'excellente eau-de-vie de Cognac, du sucre de la Jamaïque, des citrons de Portugal, pour ne rien dire de la muscade et des rôties ; et il a fait sa provision d'eau à la fontaine de Shellicoat.

Les convives poussèrent de longs et bruyans éclats de rire en entendant cette plaisanterie en dialogue qui n'était pourtant pas nouvelle pour eux, car elle servait toujours de prélude à l'arrivée d'un bowl de punch d'une grandeur peu ordinaire, présent du capitaine d'un des bâtimens de l'honorable compagnie des Indes orientales, qui, à son retour de la Chine, ayant été poussé au nord par les vents, était entré dans la baie de Lerwick, et avait trouvé moyen de s'y débarrasser d'une partie de sa cargaison, sans se mettre en peine de payer bien scrupuleusement les droits dus au roi.

Magnus Troil, ayant été une excellente pratique, et ayant d'ailleurs rendu d'autres services au capitaine

Coolie, cet officier, avant de mettre à la voile, lui avait témoigné sa reconnaissance en lui offrant ce vase splendide, si propre à répandre la joie vers la fin d'un festin; et lorsqu'on le vit paraître, porté par le vieux Scambester qui pouvait à peine en soutenir le poids, un murmure d'applaudissemens s'éleva de toutes parts dans la salle du banquet.

Cette mer de punch fut placée devant l'Udaller, qui en servit de grands verres à tous ceux qui se trouvaient dans ses parages; quant à ses hôtes des côtes plus éloignées, il leur envoyait un grand vase d'argent qu'il appelait facétieusement sa pinasse, qui distribuait ses trésors liquides jusqu'à l'extrémité la plus reculée de la table, et qu'on avait soin de remplir à la source dès que le contenu en était épuisé; ce qui donnait lieu à beaucoup de plaisanteries sur ses fréquens voyages. Le commerce des Shetlandais avec des navires étrangers et avec des bâtimens de la compagnie des Indes occidentales revenant en Angleterre, avait introduit chez eux depuis long-temps le généreux breuvage qui formait la cargaison du *joyeux marinier* de Canton; et dans tout l'archipel de Thulé, il ne se trouvait pas un seul individu qui sût aussi bien combiner les divers ingrédiens qui le composaient, que le vieil Eric Scambester, à qui cette science avait valu le surnom de *faiseur de punch*, surnom sous lequel il était connu dans toutes ces îles. On avait suivi en cela une ancienne coutume des Norwégiens qui donnèrent à Rollo LE MARCHEUR, et à d'autres héros célèbres dans leurs annales, des épithètes caractéristiques de la force, de la dextérité, en un mot de la qualité particulière qui les élevait au-dessus des autres hommes.

Cette liqueur ne tarda pas à produire ce qu'on devait en attendre; la gaieté devint plus animée et plus bruyante; plusieurs convives chantèrent avec grand effet des chansons à boire norses, afin de prouver que, si les vertus martiales de leurs ancêtres avaient déchu, faute d'exercice, parmi les Shetlandais, ils n'en étaient pas moins en état de goûter dans le Walhalla, ce genre de félicité qui consistait à avaler les océans de bière et d'hydromel promis par Odin aux élus de son paradis scandinave. Enfin, à force de boire et de chanter, la timidité fit place à la hardiesse, la retenue à la loquacité. Chacun voulut parler, et personne ne se soucia d'écouter. Chacun monta sur son cheval de bataille, et cria à ses voisins d'examiner son agilité. Le petit barde, qui, après le départ des dames, était venu se p'acer auprès de notre ami Mordaunt Mertoun, se montrait déterminé à commencer et conclure, sans en rien omettre ni excepter, l'histoire de sa liaison avec le glorieux John Dryden. Triptolème Yellowley, la tête un peu échauffée, et secouant le respect involontaire que lui inspirait celui que chacun témoignait à Magnus et l'idée d'opulence que faisait naître tout ce qu'il voyait autour de lui, commença à faire entendre aux oreilles surprises et un peu mécontentes de l'Udaller quelques-uns des projets d'amélioration dont il avait parlé dans la matinée à ses deux compagnons de voyage.

Je renvoie au chapitre suivant les innovations qu'il suggéra, et la manière dont Magnus Troil les accueillit.

CHAPITRE XIV.

> « Oui, nous conserverons nos coutumes antiques.
> » Mais que sont donc les lois ? des coutumes aussi.
> » Et la religion ? un usage établi
> » Qui nous fait adopter le culte de nos pères.
> » Tout est coutume enfin......... »
>
> *Ancienne comédie.*

Nous avons laissé les hôtes de Magnus Troil au milieu des plaisirs bruyans et le verre à la main. Mordaunt, qui, comme son père, évitait la libation des festins, ne partageait pas l'enjouement que le *joyeux marinier* répandait parmi les convives à mesure qu'ils le déchargeaient de sa cargaison, et il n'était pas même indifférent aux excursions que la pinasse faisait autour de la table. Mais, par cela même qu'il semblait avoir l'esprit abattu, il en était d'autant mieux l'homme qu'il fallait au poète Halcro, pour lui débiter ses histoires ; le poète le regardait comme favorablement disposé pour devenir un auditeur passif. Il avait à cet égard l'instinct de l'oiseau de proie fondant du haut des airs sur la brebis malade qui se laisse patiemment déchirer. Ce fut ainsi qu'Halcro profita des avantages que la distraction de Mordaunt lui donnait, et de l'apathie qui l'empêchait de prendre des mesures de défense. Avec cette adresse familière aux impitoyables conteurs, il ne manquait pas de doubler la longueur de ses récits en les assaisonnant de digressions interminables, de manière que plus la narration semblait s'avancer avec rapidité, moins il était possible d'en apercevoir le terme. A la fin pourtant il était parvenu à raconter, avec les détails les plus circonstanciés, l'histoire de son obligeant propriétaire, le maître tailleur de Russel-Street, en y comprenant une esquisse de cinq de ses parens, quelques anecdotes relatives à trois de ses principaux rivaux, et enfin quelques observations générales sur le costume et la mode du temps. Là, si l'on peut s'exprimer ainsi, il avait atteint les ouvrages avancés de son histoire, et se trouvait parvenu au corps de la place, car on pouvait donner ce nom au café des Beaux-Esprits. Il s'arrêta cependant sur le seuil, pour expliquer la nature du droit que s'arrogeait quelquefois son propriétaire de s'introduire dans ce sanctuaire bien connu des muses.

— Il consistait, dit Halcro, en deux articles principaux : savoir supporter la plaisanterie et ne s'en permettre aucune ; car mon ami Thimblethwaite était lui-même un homme d'esprit, et il ne se fâchait jamais des railleries piquantes que les plaisans qui fréquentaient ce café lui lançaient comme des pétards et des fusées dans une nuit de réjouissance; quoique quelques-uns, j'ose même dire le plus grand nombre de ces beaux esprits, pussent avoir avec lui des comptes à régler relativement à son commerce, il n'était pas capable de mettre un homme de génie dans l'embarras en lui rappelant de telles bagatelles. Peut-être penserez-vous, mon cher Mordaunt, que ce n'était là qu'une politesse d'usage, parce que, dans notre pays on ne sait guère ce que c'est que d'emprunter et de prêter, et que, Dieu soit loué, on n'y connaît ni huissiers, ni recors pour arrêter un pauvre diable et le jeter ensuite dans une prison? Mais permettez-moi de vous dire qu'une douceur d'agneau, comme celle de mon pauvre et cher défunt Thimblethwaite, est vraiment très-rare à Londres et dans ses environs. Je pourrais vous raconter à ce sujet bien des choses qui sont arrivées à moi et à bien d'autres avec ces maudits marchands de Londres, et qui vous feraient dresser les cheveux sur la tête.

— Mais que diable a donc le vieux Magnus! Il pousse des cris comme s'il voulait joûter contre les sons aigus d'une bouffée de vent du nord-ouest. — Dans le fait, on aurait pu dire que le bon Udaller mugissait. Poussé à bout par les plans de réforme et d'amélioration que voulait à toute force lui suggérer le facteur d'Harfra, il ne lui répondait plus, pour nous servir d'une expression d'Ossian, que comme une vague à un rocher.

— Des arbres, monsieur le facteur! ne me parlez pas de vos arbres, quand même il n'y en aurait point dans toutes nos îles un assez grand pour y pendre un sot, je m'en inquiète fort peu. Nous n'aurons d'arbres que ceux qui lèvent leurs têtes dans nos ports. Les bons arbres sont ceux qui ont des vergues pour branches, et de bonnes voiles pour feuilles.

— Mais quant au dessèchement du lac de Bracbaster, dont je vous parlais, M. Magnus Troil, répondit l'opiniâtre agriculteur, je le considère comme d'une grande importance; il y a deux moyens d'y parvenir, ou par la vallée de Linklater, ou par le ruisseau de Scalmester. Or, après avoir nivelé le terrain des deux côtés...

— Il y en a un troisième, maître Yellowley, dit l'Udaller en l'interrompant.

— J'avoue que je ne l'aperçois pas, répliqua Triptolème avec autant de naïveté et de bonne foi que pourrait en désirer un railleur dans celui qu'il prend pour son plastron, — attendu qu'il y a au midi la montagne de Bracbaster, et au nord cette hauteur dont je ne puis me rappeler le nom.

— Ne nous parlez ni de montagnes ni de hauteurs, maître Yellowley. Il y a un troisième moyen de dessécher le lac, et c'est le seul qui sera tenté de nos jours. Vous dites que le lord chambellan et moi en sommes co-propriétaires, à la bonne heure. Eh bien! que chacun de nous jette dans le lac une pareille quantité d'eau-de-vie, de jus de citron et de sucre. La cargaison d'un ou deux vaisseaux en fera l'affaire; qu'on réunisse tous les joyeux Udallers du pays, et je réponds que dans vingt-quatre heures le lac de Bracbaster n'offrira plus qu'une surface desséchée.

Une raillerie si bien appliquée au temps et au lieu excita le rire et les applaudissemens des convives au point de réduire Triptolème au silence. On proposa un joyeux toast, on chanta une chanson à boire, le *vaisseau* se déchargea d'une partie de sa cargaison parfumée, et la pinasse fit de nouveau sa ronde. Au dialogue entre Magnus et Triptolème, qui avait attiré l'attention de toute la compagnie, succéda un bourdonnement général qui annonçait la bonne humeur des convives, et le poète Halcro en profita pour reprendre sur l'attention de Mordaunt l'empire qu'il avait usurpé.

— Où en étais-je? dit-il avec un ton qui, plus encore que ses paroles, annonçait à son auditeur fatigué qu'il n'était pas encore sur le point de terminer son ennuyeuse histoire. Oh! je me le rappelle, nous étions à la porte du café des Beaux-Esprits. Il avait été établi par un...

— De grace, mon cher M. Halcro! dit Mordaunt un peu impatienté, je désire que vous me parliez de votre rencontre avec Dryden.

— Quoi, avec le glorieux John? — C'est vrai. — Oui. — Où en étais-je? au café des Beaux-Esprits. — Fort bien. — Nous étions à la porte, les garçons étaient à me regarder, moi; car quant à Thimblethwaite, le brave homme, sa figure leur était bien connue. Je vais vous raconter une histoire à ce sujet.

— Pour Dieu, venez donc à John Dryden, dit Mordaunt d'un air à prouver qu'il ne voulait plus de digression.

— Oh! oui, oui, le glorieux John; où en étais-je? Ah! m'y voilà. Comme nous étions près du comptoir sur lequel deux garçons étaient occupés l'un à moudre du café, l'autre à faire de petits paquets de tabac à fumer; car il faut que vous sachiez que la pipe et sa charge de tabac coûtent un sou, ce fut alors, et ce fut en cet endroit que je l'entrevis pour la première fois. Un certain Dennis était assis près de lui, ce Dennis...

— Halte-là! ne pensons qu'à John Dryden. Quel homme était-ce? demanda Mordaunt.

— Un petit vieillard un peu replet, avec des cheveux gris, et habillé tout en noir; ses vêtemens lui allaient comme un gant. L'honnête Thimblethwaite ne souffrait pas qu'un autre que lui travaillât jamais pour le glorieux John, et personne ne savait faire une manche comme lui, je vous en réponds. Mais il n'y a pas moyen de parler raison ici. Au diable l'Écossais! le voilà encore aux prises avec le vieux Magnus.

Cela était vrai, et quoique pour cette seconde fois le facteur n'eût pas été, comme la première, brusquement interrompu par une exclamation de la voix de stentor du digne Udaller, c'était une dispute serrée, soutenue par des questions, des réponses, des répliques, des reparties bruyantes qui se précipitaient et se confondaient les unes avec les autres comme un feu roulant et soutenu de mousqueterie qu'on entend à une certaine distance.

— Écouter la raison, monsieur! dit l'Udaller; nous voulons bien entendre la raison, et nous vous parlerons raison aussi, et si la raison ne vous suffit pas, nous vous donnerons de la rime par-dessus le marché. N'est-ce pas, mon ami Halcro?

Le poète, quoique arrêté tout court au milieu de sa meilleure histoire, si toutefois une histoire qui n'a ni commencement ni fin peut avoir un milieu, se redressa avec fierté à l'appel de l'Udaller; comme un corps d'infanterie légère qui a reçu l'ordre de renforcer les grenadiers; il prit un air de suffisance et d'orgueil, frappa la table de sa main, et se montra prêt à soutenir son hôte d'une manière convenable à un convive bien traité. Triptolème fut un peu interdit à ce renfort qui arrivait à son adversaire; il suspendit, en général prudent, l'attaque des usages et coutumes des îles Shetland, et il n'ouvrit la bouche que lorsque l'Udaller l'eut apostrophé par cette question insultante : Eh bien! maître Yellowley, où est maintenant votre raison dont vous faisiez tant de bruit il y a un moment?

— Un peu de patience, mon digne monsieur, répliqua l'agriculteur, que pouvez-vous avoir à dire, ou quel autre homme sur la terre peut avoir quelque chose à dire en faveur de cette machine qu'on appelle charrue dans ce pays aveuglé par les préjugés? Oui certainement, les sauvages montagnards du Caithness et du Sutherland peuvent faire de meilleure besogne avec leur *gaseromb*, ou toute autre machine, n'importe comment ils l'appellent.

— Mais en quoi vous blesse notre charrue? demanda l'Udaller. Qu'avez-vous à dire contre elle? Elle laboure notre terre, que voulez-vous de plus?

— Elle n'a qu'un manche! répondit Triptolème.

— Eh que diable! dit le poète qui visait à quelque chose de vif et de mordant, pourquoi vouloir qu'elle ait deux manches, lorsqu'elle est en état de bien faire sa besogne avec un seul?

— Ou bien apprenez-moi, reprit Magnus Troil, comment il serait possible à Niel de Lupness, qui a perdu un bras en tombant du rocher de Nekbreckan, de conduire une charrue à deux manches?

— Les harnais sont de peau de veau marin écrue et non tannée, ajouta Triptolème.

— Cela nous épargne la peine de préparer le cuir, répondit Magnus Troil.

— La charrue, dit l'agriculteur, est tirée par quatre bœufs chétifs, qui sont attelés de front; il vous faut deux femmes pour suivre cette misérable machine, et finir le sillon avec deux pelles.

— Buvez à la ronde, maître Yellowley, dit l'Udaller, et, comme vous le dites en Écosse, n'oubliez jamais de lever le coude. Nos bêtes de travail sont trop vigoureuses pour laisser l'une dépasser l'autre; nos hommes sont trop polis et trop bien élevés pour aller travailler aux champs sans avoir leurs femmes avec eux. Nos charrues labourent notre terre, notre terre produit de l'orge, nous brassons nous-mêmes notre bière, nous cuisons et nous mangeons notre pain, et nous le partageons de bon cœur avec les étrangers. A votre santé! maître Yellowley.

Ces dernières paroles furent prononcées d'un ton à trancher la question, et en conséquence Halcro dit tout bas à l'oreille de Mordaunt : — Voilà l'affaire arrangée, et maintenant nous allons continuer notre histoire du glorieux John : — il était donc vêtu entièrement en noir, et, soit dit par parenthèse, il y avait deux ans que le mémoire du tailleur était dû, comme l'honnête Thimblethwaite me l'a depuis assuré. Quels yeux il avait! Ce n'étaient pas de ces yeux étincelans et foudroyans que nous autres poètes nous donnons à l'aigle, c'étaient de ces yeux doux, pensifs et pourtant perçans, dont je ne crois pas avoir vu les pareils dans toute ma vie, si ce ne sont ceux d'Étienne Kleancogg, le violon de Papastows qui...

— Doucement donc ! et John Dryden ? dit Mordaunt en l'arrêtant, car, à défaut d'autre amusement, il commençait à prendre une sorte de plaisir à tenir le vieux poète dans les limites de sa narration, comme on serre de près un mouton rétif qu'on veut attraper. Halcro revint donc à son sujet avec sa phrase banale. — Oh oui ! c'est vrai, le glorieux John : eh bien, il fixa des yeux, tels que ceux que je viens de décrire, sur mon hôte, et lui dit : — Honnête Timothée, qu'est-ce que tu as là ! Et tous les beaux esprits, les lords et autres qui avaient coutume de s'attrouper autour de lui, comme les filles autour d'un colporteur à la foire, nous ouvrirent le passage, et nous pûmes pénétrer jusqu'au coin du feu, où il y avait une chaise qui lui était destinée. J'ai entendu dire qu'on la portait près du balcon dans l'été, mais ce fut au coin du feu que je la vis. Thimblethwaite arriva donc jusque-là, en passant à travers toute la compagnie, hardi comme un lion, et moi je le suivis avec un petit paquet sous mon bras, que j'avais pris pour obliger mon hôte, parce que le porteur de la boutique était alors absent, et aussi afin qu'on crût que j'avais affaire là ; car il est bon que vous sachiez qu'on n'admettait pas d'étrangers dans ce café, quand ils n'y avaient pas affaire. J'ai entendu raconter que sir Charles Sedley dit, à ce sujet un bon mot qui...

— Vous oubliez le glorieux John, dit Mordaunt en l'interrompant ; revenons à lui, s'il vous plaît.

— Oh oui ! le glorieux John, comme vous pouvez fort bien l'appeler ; on parle de Blackmore, de Shadwell, et de tant d'autres, mais ils ne sont pas dignes de délier les cordons de ses souliers. — Eh bien, dit-il à mon hôte, qu'avez-vous donc là? et mon hôte le saluant plus bas qu'il n'aurait salué un duc, je vous le garantis, lui répondit qu'il avait pris la liberté de venir lui montrer l'étoffe que lady Élisabeth s'était choisie pour se faire une robe de chambre. — Et quelle est celle de vos oies, Timothée, qui porte ce paquet sous son bras? — C'est une oie des Orcades, n'en déplaise à Votre Honneur, M. Dryden, répondit Thimblethwaite qui avait les bons mots à commande, et elle a apporté une petite pièce de vers pour que vous vouliez y jeter un coup d'œil. — Cette oie est-elle amphibie? demanda le glorieux John en prenant le papier; — et il me sembla que j'aurais plutôt affronté une batterie de canons que je ne l'aurais regardé en face, lorsque j'entendis le bruit que fit le papier quand il l'ouvrit, et cependant il ne disait rien qui pût effrayer. Ensuite il regarda les vers, et il eut la bonté de dire d'une manière vraiment encourageante, et en vérité avec une sorte de sourire de bonne humeur qui brillait sur tout son visage, oui, certainement, pour un homme gras et un peu âgé; — car je ne le comparerais ni à Minna ni à Brenda, — il avait le sourire le plus agréable que j'aie jamais vu. — Eh bien! dit-il, cette oie deviendra un cygne dans vos mains. Il souriait un peu en disant cela, et tous se mirent à rire; mais personne ne rit de meilleur cœur que ceux qui étaient trop loin pour entendre le bon mot; car tout le monde savait que quand il souriait c'était pour quelque chose qui en valait la peine; c'est pourquoi on riait de confiance, et sans l'avoir entendu. Le mot passa ensuite de bouche en bouche parmi les jeunes étudians du Temple, les beaux esprits et les égrillards, et l'on faisait questions sur questions pour savoir qui nous étions. Il y avait un certain Français qui voulait seulement leur dire que c'était M. Thimblethwaite ; mais il avait tant de peine à prononcer *Dumbletate* et *Timbletaite*, que je crois que son explication aurait duré...

— Aussi long-temps que votre histoire, je pense, reprit Mordaunt.

La narration fut à la fin coupée court par la voix forte et tranchante de l'Udaller. — Je ne veux plus rien entendre sur ce chapitre, monsieur le facteur, s'écria-t-il.

— Permettez-moi du moins de vous dire un mot sur la race de vos chevaux, répondit Yellowley d'un ton de voix qui semblait demander miséricorde ; vos chevaux, mon cher monsieur, ressemblent à des chats pour la taille, et à des tigres pour la méchanceté.

— Quant à leur taille, répliqua Magnus Troil, ils en sont plus aisés à monter, et il est plus facile d'en descendre (comme Triptolème l'a éprouvé ce matin lui-même, pensa Mordaunt) ; quant à leur prétendue méchanceté, ceux qui ne sont pas en état de les gouverner n'ont que faire de les monter.

L'agriculteur se tut. Qu'aurait-il pu répondre, lui qui dans le moment même éprouvait une conviction intérieure ? Il lança un regard suppliant à Mordaunt, comme pour le prier de garder le secret de sa chute. Et l'Udaller sentant son avantage, quoiqu'il ignorât l'aventure du matin, continua de le serrer de près et de le poursuivre avec l'air sévère et fier d'un homme qui n'avait jamais été accoutumé à essuyer de contradictions, et peu disposé à en souffrir.

— Par le sang de saint Magnus le martyr, lui dit-il, vous êtes fort plaisant, monsieur le facteur Yellowley !

Vous arrivez de votre pays, d'une terre étrangère, vous ne connaissez ni nos lois, ni nos usages, ni notre langue, et vous voulez être le gouverneur de notre contrée, nous réduire à devenir vos esclaves!

— Mes élèves, mon digne monsieur, dit Yellowley, mes élèves! et c'est uniquement pour votre propre avantage!

— Nous sommes trop vieux pour aller à l'école, reprit l'honnête Shetlandais; je vous le dis une fois pour toutes, nous sèmerons et nous recueillerons notre grain comme l'ont fait nos ancêtres; nous mangerons ce que Dieu nous envoie, en continuant d'ouvrir nos portes à l'étranger comme ils le faisaient. S'il y a quelque chose d'imparfait dans nos usages, nous le corrigerons en temps et saison convenables; mais la fête du bienheureux saint Jean-Baptiste a été instituée pour des cœurs gais et des pieds alertes. Celui qui se hasardera à dire encore un mot de raison, comme vous l'appellerez, ou quelque chose qui y ressemble, avalera une pinte d'eau de mer. Oui, il l'avalera, j'en donne ma parole. Ainsi qu'on remplisse le bon vaisseau, *le joyeux marinier* de Canton, en faveur de ceux qui ne veulent pas s'en séparer, et que ceux qui pensent autrement aillent rejoindre les violons que j'entends donner le signal de la danse. Je suis sûr que les pieds de nos jeunes filles sont en ce moment comme sur des charbons ardens. Allons, M. Yellowley, pas de rancune. Quoi! est-ce que vous sentez encore le roulis du *joyeux marinier?* Dans le fait, l'honnête Triptolème chancelait un peu quand il se leva pour suivre son hôte. Ne vous en inquiétez pas, continua Magnus, nous vous ferons retrouver vos jambes pour danser avec nos belles. Avancez, Triptolème, je vais vous prendre à la remorque de peur que vous ne couliez à fond. Ha! ha! ha!

Ainsi parlait l'Udaller en s'avançant majestueusement : tel qu'un vaisseau de guerre du premier rang souvent battu par les bourrasques et les tempêtes, il traînait Triptolème après lui comme une prise en remorque. La plupart des convives suivaient ce digne chef en poussant des cris de joie, tandis que quelques-uns, buveurs intrépides, et profitant de l'option que leur avait laissée l'Udaller, restèrent dans la salle à manger auprès du *joyeux marinier* de Canton, pour décharger sa cargaison nouvelle, portant de nombreux toasts à la santé de leur hôte absent et à la prospérité de son toit hospitalier, avec tous les autres souhaits qu'on pouvait imaginer pour se ménager l'occasion de renouveler les rasades.

La salle de danse se trouva donc remplie en un instant : c'était une vaste pièce digne de la simplicité qui régnait alors dans les îles Shetland. Les salons et les appartemens de parade étaient encore inconnus même en Écosse, à l'exception de ceux qu'on pouvait trouver dans les maisons de la noblesse ; à plus forte raison devaient-ils être ignorés dans ce pays. La salle de bal du bon Udaller n'était donc autre chose qu'un vaste et long magasin à provisions, irrégulier dans sa structure, dont le plafond bas, destiné à plus d'un usage, servait surtout de dépôt de marchandises, ou de gros meubles ; mais il était bien connu de la jeunesse de Dunrossness et autres cantons, comme la scène des joyeuses danses qui animaient toujours les fêtes données par Magnus Troil.

Les gens à la mode qui se réunissent pour des contredanses et des walses auraient été choqués à la première vue de cette salle de danse. Quoique le plafond en fût bas, comme nous venons de le dire, elle n'était qu'imparfaitement éclairée par des lampes, des chandelles, des lanternes de vaisseau, et des chandeliers de différentes sortes qui jetaient une lumière sombre sur le plancher et sur les marchandises de toute espèce entassées tout autour. Quelques-unes de ces denrées étaient des provisions pour l'hiver, d'autres étaient destinées à l'exportation; quelques-unes aussi étaient un tribut payé par Neptune aux dépens des propriétaires inconnus de vaisseaux naufragés. Il y en avait enfin qui étaient le résultat d'échanges fait par le propriétaire pour du poisson et autres productions de ses domaines, car Magnus, de même que beaucoup d'autres, à cette époque, était négociant aussi-bien que propriétaire. Afin de faire de la place pour la danse, on avait mis de côté et empilé les unes sur les autres toutes ces marchandises avec leurs caisses, boîtes et emballages; et les danseurs vifs et légers, comme s'ils avaient occupé le salon le plus splendide de Saint-James-Square, y exécutaient leurs danses nationales avec non moins de grace et d'agilité que nos jeunes gens à la mode.

Le groupe de vieillards qui étaient là comme spectateurs représentait assez bien une troupe de vieux tritons occupés à regarder les jeux des nymphes de la mer. L'air âpre et dur qu'avait donné à la plupart d'entre eux l'habitude d'être aux prises avec la rigueur des élémens; leurs cheveux durs et hérissés comme leur barbe, qu'un grand nombre portaient à la manière des anciens Norwégiens, donnaient à leurs têtes le caractère de ces enfans supposés de l'Océan. D'une autre part, la jeunesse était d'une grande beauté, et l'on voyait partout de belles tailles et des formes parfaites. Les jeunes gens avaient la chevelure longue et blonde, et un teint brillant de fraîcheur que chez les plus jeunes la sévérité du climat n'avait pas encore altéré; les jeunes filles avaient de plus cette fraîcheur et ce teint à la fois délicat et vermeil qui est si doux dans leur sexe. Leur bon goût naturel dans la musique secondait parfaitement les instrumens dont les accords et les airs n'étaient nullement à mépriser. Les vieillards, pendant la danse, étaient les uns debout, et les autres assis sur de vieilles caisses qui leur servaient de sièges, et ils critiquaient les danseurs, en comparant la danse actuelle avec celle de leur temps; ou bien, exaltés par les vapeurs du breuvage généreux qui continuait a circuler parmi eux, ils s'amusaient à faire claquer leurs doigts et à agiter leurs pieds comme pour battre la mesure.

Ce n'était qu'avec des souvenirs pénibles que Mordaunt contemplait cette scène de joie universelle. Déchu de cette prééminence que lui avait jusque-là acquise le rang de premier danseur et les fonctions d'ordonnateur de ces fêtes bruyantes, il voyait toutes ces dignités en possession de l'étranger Cleveland. Jaloux cependant d'étouffer ces souvenirs dangereux qu'il sentait bien qu'il n'était ni sage d'entretenir, ni digne d'un homme de laisser apercevoir, il s'approcha de ses belles voisines, auxquelles il avait fait la cour pendant le dîner, avec l'intention d'inviter une d'elles à danser avec lui.

Mais la vénérable vieille tante, lady Glowrowrum n'avait souffert qu'avec peine pendant le dîner l'accès de gaieté de ses nièces. Il lui aurait été impossible alors de s'y opposer; mais elle ne se trouva pas disposée à permettre à Mordaunt de renouveler, par le moyen de la danse, une intimité qui ne lui avait pas plu. Ainsi, au nom de ses nièces, assises à ses côtés en gardant un silence boudeur, elle prit sur elle d'informer Mordaunt, après l'avoir remercié de sa politesse, que miss Clara et miss Maddie étaient engagées pour toute la soirée. Mais comme il resta à peu de distance pour chercher à découvrir quels étaient ces engagemens, il eut le désagrément de se convaincre que ce n'était qu'un prétexte pour se débarrasser de lui; car il vit peu de temps après les deux sœurs, devenues plus joyeuses, se joindre à la danse, conduites par deux jeunes gens qui venaient de les inviter à l'instant même. Irrité d'un tel signe de mépris, et ne voulant pas s'exposer à d'autres affronts, il prit le parti de se retirer du cercle des danseurs, et d'aller se confondre dans la foule des personnes de qualité inférieure qui étaient au fond de la salle, uniquement comme spectateurs : là, se croyant à l'abri de nouvelles mortifications, il chercha à digérer celle qu'il venait de recevoir aussi bien qu'il le put, c'est-à-dire fort mal, et avec toute la philosophie de son âge, c'est-à-dire sans philosophie.

FIN DU TOME PREMIER.

www.ingramcontent.com/pod-product-compliance
Lightning Source LLC
Chambersburg PA
CBHW050324170426
43200CB00009BA/1451